汽车这样卖才对

汽车销售人员超级情景训练

乔　哲／编著

中国纺织出版社
国家一级出版社
全国百佳图书出版单位

内容提要

本书以大量汽车销售实践与培训经验为依托，紧扣汽车销售流程的八个步骤：客户接洽—需求发掘—产品推介—引导试驾—产品异议处理—价格异议处理—交易促成—售后服务，精心收集整理了汽车销售人员在各个步骤中经常遇到的典型问题，并采取情景模拟的形式，通过“情景描述＋错误应对＋情景解析＋话术示范”四个模块，力争让广大汽车销售人员在阅读时进入真实情景，在真实情景中学习和掌握汽车销售的方法与技巧，从而迅速提升销售业绩，成为名副其实的汽车销售冠军。

图书在版编目（CIP）数据

汽车这样卖才对：汽车销售人员超级情景训练／乔哲编著．--北京：中国纺织出版社，2019.3（2024.3重印）
ISBN 978-7-5180-5584-5

Ⅰ．①汽…　Ⅱ．①乔…　Ⅲ．①汽车—销售　Ⅳ．①F766

中国版本图书馆CIP数据核字（2018）第259299号

策划编辑：刘　丹　　责任校对：江思飞　　责任印制：储志伟

中国纺织出版社出版发行
地址：北京市朝阳区百子湾东里A407号楼　邮政编码：100124
销售电话：010—67004422　传真：010—87155801
http：//www.c-textilep.com
E-mail：faxing@c-textilep.com
中国纺织出版社天猫旗舰店
官方微博 http://weibo.com/2119887771
北京兰星球彩色印刷有限公司印刷　各地新华书店经销
2019年3月第1版　2024年3月第2次印刷
开本：710×1000　1/16　印张：16.5
字数：215千字　定价：69.80元

前言

汽车销售人员，即专门为客户提供汽车消费咨询和导购服务的人员。在汽车销售行业中，汽车销售人员起着至关重要的作用。从客户进入汽车销售展厅开始，一直到客户离开，与客户面对面打交道的都是汽车销售人员。其具体工作包括：客户进店接洽、客户需求发掘、汽车产品推介、客户试驾引导、汽车产品异议应对、汽车价格异议应对、客户成交促成、客户售后维系等。

在整个销售过程中，汽车销售人员会遇到各种各样的问题和难题，比如：

跟客户打招呼，客户说“我只是随便看看，不用向我推荐”；

向客户介绍汽车时，客户显得心不在焉；

向客户介绍完汽车后，客户不置可否；

客户接连试了好几款汽车都不满意；

客户对汽车的品牌、质量、性能、配置等提出异议；

客户嫌汽车价格太贵，以各种理由索要优惠；

客户对汽车很满意，但是依然找各种理由推托；

客户买完汽车后，因各种理由提出投诉或要求退换；

……

在客户对汽车产品和服务质量要求越来越高的今天，如果汽车销售人员的销售能力不过关，销售方法不科学，销售技巧不过硬，销售话术不正确，就很难解决上述问题和难题；而解决不了这些问题和难题，汽车销售人员就无法将汽车成功卖给客户，同时也无法赢得客户的满意度和忠诚度。因此，学习一套专业、实用的销售方法与技巧，掌握一套科学、有效的销售话术，切实提升自己的销售能力与水平，对汽车销售人员来说至关重要。

为帮助广大汽车销售人员全面掌握汽车销售的方法与技巧，切实、有效地提升汽车销售人员的销售业绩，本书以大量的汽车销售实践与培训经验为依托，紧扣汽车销售流程的八个步骤：客户接洽、需求发掘、产品推介、引导试驾、产品异议处理、价格异议处理、交易促成、售后服务，精心收集整理了汽车销售人员在各个步骤中经常遇到的典型问题，并采取情景模拟的形式，通过“情景描述”+“错误应对”+“情景解析”+“话术示范”四个模块，力争让广大汽车销售人员在阅读时进入真实情景，在真实情景中学习和掌握汽车销售的方法与技巧，从而迅速提升销售业绩，成为名副其实的汽车销售冠军。

本书主要适合下列人士阅读使用：汽车销售从业人员，即将踏上汽车销售岗位或有志于从事汽车销售工作的优秀青年，汽车销售企业、相关培训机构工作人员等。由于作者的知识、水平有限，书中难免有一些差错和不足之处，恳请广大读者朋友批评、指正。

乔哲

2018 年 9 月

目录

第五章　化解客户的疑虑和担心——产品异议应对情景训练

第六章　守住价格就是守住利润——价格异议处理情景训练

第七章 踢好“临门一脚”——交易促成情景训练

第八章 超值服务赢得客户口碑——售后服务情景训练

参考文献

第一章 迈好销售的第一步——接洽客户情景训练

接待客户是汽车销售人员正式开展汽车销售工作的前奏，是整个销售过程中至关重要的一环。接待客户是一个讲究方法和技巧的工作，接待工作做得好，就能迅速拉近与客户之间的距离，赢得客户的信任和好感，为接下来的销售工作打好基础；反之，不但无法赢得客户的信任和好感，还可能导致客户的流失。因此，汽车销售人员有必要学习和掌握一些接待客户的方法和技巧。

情景1

客户进入展厅后东张西望，似乎在寻找什么

情景描述

汽车销售人员正在忙碌着，这时一位客户走进汽车销售展厅，一边往里走，一边不停地东张西望，似乎在寻找什么。

✕ 错误应对

1.“您好，请随便看看！”

（这属于一种消极性语言，会给客户灌输一种“看看就走”的潜意识）

2.“您好，请问有什么可以帮您的？”

（这是一种空洞的询问方式，让客户无从回答，甚至会让客户产生反感情绪）

3.“您好，请问您想买什么车？”

（这种说法会给客户带来心理压力，汽车销售人员在挖掘客户需求时，要尽量避免用“买”等敏感字眼）

4.“您好，我们最近到了一些新款车，我带您去看看。”

（这种不了解客户需求、盲目推介的做法，会给客户一种强行推销的感觉，容易导致客户情绪紧张，甚至引起客户的抵触心理）

5. 对客户不理不睬，等着客户发问再应答。

（这种做法有怠慢客户之嫌，会让客户觉得不受欢迎、受了冷落）

6. 寸步不离地跟着客户。

（这种做法有点热情过度，容易让客户感到压抑、反感）

情景解析

客户走进汽车销售展厅，说明客户具有一定的购买意向。客户进入展厅后东张西望，通常有以下几种原因：对汽车展厅的环境不熟悉，想通过浏览全局寻找自己的目标车型；由于性格怯懦、购买力有限、在陌生环境中缺乏安全感等因素，心理上处于紧张戒备状态；缺乏购车经验，希望寻求汽车销售人员的协助。

对于这类客户，汽车销售人员的首要任务是减轻他们的心理压力，缓解他们的紧张情绪，而不要急于向他们推荐、介绍汽车。汽车销售人员可以通过热情、礼貌、友好的跟客户打招呼，以积极性的语言让客户知道“买不买车没有关系，我都会提供让您满意的服务”，比如向客户暗示“请随意看，我不打扰您”“需要时喊我，我会竭诚为您服务”等信息，营造一种放松、友好的交流氛围，引导客户放下戒备心理，让客户在新的环境里快速找到安全感。

在跟客户打完招呼后，汽车销售人员要及时引导和挖掘客户的需求，但要注意方式方法，例如可先以适当的寒暄作铺垫，然后像拉家常一样向客户进行询问，以便消除客户的戒备心理。需要注意的是，汽车销售人员千万不要把客户的紧张状态说出来，也不要直截了当地向客户介绍汽车，否则只会让客户更加紧张，甚至导致客户因抵抗不住压力而寻找借口离开。

话术示范

范例 1

汽车销售人员：“先生，欢迎光临。您是第一次到我们车行吧？”

（热情、礼貌、友好地跟客户打招呼）

客户：“是的。”

汽车销售人员：“我叫王 ××，已经在这里工作五年了，这是我的名片，为您服务是我的荣幸。”

（向客户作自我介绍）

客户：“谢谢。”

汽车销售人员：“不客气，请您随意挑选，有需要请随时叫我，我会尽力为您提供最周到的服务。”

（给客户自由挑选的空间，缓解客户的紧张情绪，并向客户表示会在其需要时为其提供帮助和服务，从而不致让客户产生受冷遇的感觉）

客户：“好的。”

范例2

汽车销售人员：“您好，欢迎光临××车行。”

（热情、礼貌、友好地跟客户打招呼）

客户：“嗯。”

汽车销售人员：“您来到这里就是我们的贵宾，不管您买不买，我都会尽我所能为您提供帮助和服务。请问您是自己先逛逛熟悉一下，还是让我陪您一边看一边有重点地给您介绍？”

（营造放松、友好的交流氛围，引导客户放下戒备心理）

客户：“我自己先逛逛吧。”

汽车销售人员：“好的，请您随意挑选，有需要请随时叫我。”

范例3

汽车销售人员：“您好！欢迎光临××车行。我叫王××，很高兴为您服务。”

（热情、礼貌、友好地跟客户打招呼，并向客户作自我介绍）

客户：“嗯，谢谢。我自己先逛逛看，有需要我会叫你的。”

汽车销售人员：“嗯，买车是一笔巨大的开支，多了解、多比较是非常必要的。您可以先看看，了解一下我们的品牌。不管您买不买，我都会为您提供最全面的帮助和最周到的服务。”

（以积极性的语言让客户知道，不管他买不买车，都会为其提供满意的服务）

汽车销售人员跟客户打招呼，客户说“我随便看看，不用向我推荐”

情景描述

客户走进汽车展厅，汽车销售人员热情地跟客户打招呼：“欢迎光临！请问您想看什么车，我帮您介绍一下吧？”客户只是冷冷地回答：“我随便看看，你不用向我推荐。”

⊗ 错误应对

1.“好的，那您随便看看吧，有问题可以找我。”

（这种说法属于消极性语言，等于放弃了为客户主动推介的机会，而且对客户不太礼貌）

2.“好的，那您先看看，有中意的车就叫我。”

（很多时候，客户因为种种原因不会主动喊汽车销售人员，比如客户虽然看到喜欢的车型，但考虑到要多考察几家车行等原因，往往会选择离去）

3.“没关系，您想看什么车就告诉我，我可以帮您参谋参谋。”

（这种说法是把自己的想法强加于客户，容易引起客户的反感）

情景解析

客户刚进入汽车展厅时，难免会对汽车销售人员存有戒备心理，最常见的表现就是当汽车销售人员跟客户打招呼并表示要为其服务时，客户表示自己“只是随便看看，不需要推荐”。客户之所以有这种反应，有以下几方面的原因：只是有初步的购买计划，但没打算马上买，担心接受了服务不好意思拒绝购买；购物习惯使然，喜欢独立挑选，不喜欢汽车销售人员跟在旁边作推荐，担心汽车销售人员影响和“忽悠”自己；对要买的车早已心中有数，没必要听汽车销售人员介绍等。

无论客户是基于以上哪种心理，汽车销售人员都要尊重客户的意愿，并通过积极的语言安抚、稳定客户的情绪，让其自由地挑选，同时表示自己愿意随时为其提供优质的服务。或者通过观察和巧妙询问，来发掘与客户的共同点，并利用这些共同点接近客户，创造活跃的沟通气氛。比如，汽车销售人员可以通过观察，挖掘客户的喜好，然后用喜好拉近与客户的距离。

在客户浏览、挑选的过程中，汽车销售人员要随时观察客户的动向。因为客户在浏览过程中，一旦发现自己感兴趣的车型，往往会流露出感兴趣的表情，如果汽车销售人员不能及时抓住，就会错失向客户推介的机会。

当客户被某款车吸引或表现出需要协助的信号时，汽车销售人员要及时上前为其服务，并通过简单提问了解客户的需求。如果客户对提问没有抵触或愿意回答，则可以继续探询客户的需求，引导客户向成交的方向迈进；如果客户仍有“随便看看”之类的敷衍之语，汽车销售人员应该尝试给予客户积极性的回答，引导客户朝着有利于活跃气氛和成交的方向迈进。

范例 1

汽车销售人员：“欢迎光临！先生，请问您想看什么车？我可以帮您介绍一下。”

客户：“哦，我只是随便看看，你不用向我介绍。”

汽车销售人员：“先生，我看您的爱车上印着 ×× 登山协会的标语，看来您也是 ×× 登山协会的会员啊，我去年参加过他们的几次活动……”

（通过观察和巧妙询问，发掘与客户的共同点，并利用这些共同点接近客户）

客户："是的，他们的活动我也经常参加。"

汽车销售人员："先生，我叫陈 ××，您叫我小陈就行。请问您贵姓？"

客户："我姓王。"

汽车销售人员："王先生，其他忙我可能帮不上，但是我在这里做销售四年了，没有我不熟悉的车型，您想看什么车，我给您好好介绍一下。"

客户："我还是自己先看看吧。"

汽车销售人员："王先生，既然您想自己安静地看看，那我就不打扰您了。我在那边整理资料，如果有什么需要请随时叫我，我会竭诚为您服务的。"

（给客户自由挑选的空间，并表示愿意随时为其提供最好的服务）

客户："好的。"

（汽车销售人员不再说话，而是在旁边观察客户。不一会儿，客户在一款 SUV 前停了下来，一边仔细地观看，一边不停地摸着车身。汽车销售人员觉得时机已到，急忙上前为其服务）

范例 2

汽车销售人员："欢迎光临，请问您想看什么车，我帮您介绍一下吧？"

客户："我只是随便看看，你不用向我介绍了。"

汽车销售人员："咦，先生，听口音您是南方人吧？"

（通过观察和巧妙询问，发掘与客户的共同点，并利用这些共同点接近客户）

客户："是啊，我是浙江人。"

汽车销售人员："我是江苏的，离着很近啊，可以算半个老乡了。"

客户："呵呵。"

汽车销售人员："先生，我叫陈 ××，您叫我小陈就行。请问您贵姓？"

客户："我姓王。"

汽车销售人员："王先生，其他忙我可能帮不上，但是我在这里做销售四年了，没有我不熟悉的车型，您想看什么车，我给您好好介绍一下。"

客户："我还是自己先看看吧。"

汽车销售人员："那行，王先生，您先慢慢看着，有什么疑问或需要请随时叫我，能为您效劳是我的荣幸。”

（给客户自由挑选的空间，并表示愿意随时为其提供最好的服务）

客户：“好的。”

（汽车销售人员不再说话，而是在旁边观察客户。不一会儿，客户在一款 MPV 前停了下来，一边仔细地观看，一边不停地摸着车身。汽车销售人员觉得时机已到，急忙上前为其服务）

范例 3

汽车销售人员：“欢迎光临，请问您想看什么车，我帮您介绍一下吧？”

客户：“哦，我只是随便看看。”

汽车销售人员：“嗯，您说的很对，买车是一笔不小的开支，多看看是完全有必要的！不过先生，我真的很想向您透露一个好消息，小长假马上就要来了，我们车行特别针对三款畅销车型推出了优惠活动，您看，就是这几款车，这几天卖得非常火，很多客户都抢着要呢！”

（先用积极的语言安抚、稳定客户的情绪，舒缓客户的戒备心理，然后引导客户了解特价畅销车型。只要客户不抵触，汽车销售人员就可以继续展开提问，以了解客户的需求）

客户：“（指着其中一辆车）这款车不是上半年刚推出的吗？”

汽车销售人员：“没错，看来您是个行家啊！这款车您肯定提前了解了吧，能说说您对这款车的看法吗？”

（赞美客户，以赢得客户的好感，然后通过提问探询客户的需求）

客户：“我觉得……”

客户进展厅后直接奔着某款车而去

情景描述

一位客户走进车行，只见他扫视了一眼展厅后，径直朝着一款 SUV 走过去。

错误应对

1. “先生，您要买这款 SUV 吗？”

（这种说法会给客户很大的心理压力，尤其是“买”字，会让客户感觉到一种掏钱的压力）

2. “您好，请问您想看什么车型？”

（这种说法没有及时发现客户的购买意向和需求，不利于引导客户朝着成交的方向迈进）

3. “您好，喜欢这款 SUV 可以试驾！”

（这种说法有点操之过急，在对客户的购车需求还没深入了解之前，就让客户试乘试驾，容易得到客户的否定回答）

4. “您好，这款 SUV 是今年的新款，我给您介绍一下吧？”

（这种说法毫无新意，客户听得都麻木了，很难打开销售的局面）

5. “这款 SUV 很不错，如果您要买，可以给您优惠。”

（这种主动让价的说法，会让客户对汽车的质量产生怀疑：还没怎么看呢，就主动给优惠，是不是质量不怎么样啊）

6.“这款 SUV 正在搞促销活动，现在买很划算！”

（这种提早将价格“底牌”透露给客户的做法，会激发客户进一步讨价还价的欲望，客户很可能会“得寸进尺”，要求更大的优惠）

情景解析

客户走进汽车销售展厅后直接奔向某款汽车，通常有以下几种原因：一是对这款车已经心仪、关注很久了，但是一直在等待某个特殊时机，如打折、降价等，所以想看看时机到了没；二是被展厅内展示的样车所吸引，所以想了解一下详细情况；三是已经在其他车行看过同款车，希望比较一下价格情况。

无论客户出于上述哪种原因直奔某款汽车，他对这款汽车的兴趣是可以肯定的。对于这类客户，汽车销售人员最有效的方法就是直接以目标车型的独特卖点和优势来切入，让客户对车的兴趣更浓厚、更强烈。

汽车销售人员在接待这类客户时，寒暄要尽量简洁，比如通过简单的赞美来赢得客户好感，然后顺势转入推介阶段。在向客户介绍汽车的优点和卖点时，汽车销售人员可以通过提问的方式更好地引起客户的兴趣，也可以围绕客户的特定需求，有针对性地进行解说，并通过重复客户的特定需求，强化客户的需求意识。如果该款汽车目前有优惠政策，汽车销售人员也可以告诉客户，同时积极地引导客户试乘试驾，以最大限度地提升客户的购买兴趣。

范例 1

汽车销售人员：“先生，您一来就直奔这款 SUV，一看就知道您是个行家呀！大部分客户进门都会直接去展厅中央看那些新款车型，您却看中了这款动力强劲的经典车型。”

（赞美客户，以赢得客户的好感）

客户：“呵呵，我几个月前就开始关注这款 SUV 了。”

汽车销售人员："看来您是个非常有激情、有干劲的人。我给您介绍一下这款车吧。"

（继续赞美客户，并顺势进入推介阶段）

客户："好啊。"

汽车销售人员："这款SUV的车身采用的是高强度钢板，抗拉强度非常强。由于高强度的特性，可以在厚度减薄的情况下，依然保持车身的机械性能要求，从而减轻了汽车的重量。高强度钢板还能有效提高汽车车身的抗冲击性能，防止在行驶过程中由于路面的砂石飞溅碰撞产生凹痕，从而大大延长了汽车的使用寿命。您再看它的外观，非常时尚、霸气。先生，您买不买没关系，先坐进驾驶室感受一下。"

（向客户介绍汽车的独特卖点，并引导客户进行试乘体验）

范例2

汽车销售人员："先生，您眼光可真好啊！这款SUV可是我们车行配置最全的一款，它除了配置全外，您知道它还有什么优点吗？"

（先赞美客户，以赢得客户的好感，然后用提问的方式引起客户对汽车的兴趣，这样能在无形中放大汽车在客户眼中的优点）

客户："不知道，是什么啊？"

汽车销售人员："这款SUV被评为'××'，它外观稳重大气，内饰经典大方，超大的车内空间宽松而且舒适，安全性能和动力性能都非常出色。"

（向客户介绍汽车的优点和卖点，提高汽车对客户的吸引力）

范例3

汽车销售人员："先生，一看就知道您是懂车的行家，这款车是我们品牌中最受客户欢迎的一款，它的车体造型简洁、大方，自推出以来受到了很多客户的青睐。"

（赞美客户，以赢得客户的好感，然后顺势向客户介绍汽车的优点）

客户："嗯，看着是不错。"

汽车销售人员："而且这款车动力性、制动性、操控稳定性以及通过性都非常棒，车厢内的做工也非常考究。您不妨坐进去体验一下。"

（继续向客户介绍汽车的优点，并引导客户进行试乘体验）

情景4

客户进入展厅后，直接问“你们有××车吗”

情景描述

客户进入展厅后，直接问汽车销售人员：“你们这里有没有 ×× 车啊？”

错误应对

1. “不好意思，这款车目前没有现货。”

（这是一种典型的消极语言，等于在向客户下逐客令，大多数客户听到这种回答后，会选择离去）

2. “不好意思，您说的这款车我们这里没有。”

（这是一种消极应对方式，即使真的没有客户所询问的车型，汽车销售人员也不能如实相告，否则可能彻底失去一个客户）

3. “您说的这款车，只有 ××4S 店才有。”

（这是一种帮竞争对手作嫁衣的说法，这种说法虽然可能是事实，但是却属于一种傻实在）

情景解析

汽车销售人员在销售实践中，经常会遇到客户“点名”要某款车的情况。客户之所以“点名”要某款车，通常有以下几种可能：曾使用过同款车或类似的车，且满意度较高；通过亲朋好友介绍或媒体宣传，对该款车产生了浓厚的兴趣；在其他车行看过同款车，但由于某些条件不能令其满意，比如价位较高，所以想换另一家看看。

这类客户看似有明确的需求，但他们是否真正知道自己的购车需求，其实是个未知数，只要汽车销售人员接洽和引导得当，他们的需求是可以转化的。所以对于这类客户的“点名”询问，汽车销售人员千万不要回答没有，那样等于在把客户往外赶，而应该设法将客户留住，帮其挖掘和梳理需求，力争促成交易。

留住客户是关键

对于这类客户，汽车销售人员首先要设法将他们留住。比如可以对客户说：“我们车行有多种款式和价位的车，您可以先进来看一看。”汽车销售人员在说的同时，要主动、热情地把客户“迎”进去，以增加客户进店和留下来的概率。

对客户“探探底”

由于这类客户前期已经使用或了解过同款车，所以汽车销售人员不要急于向其推荐其他车型，而应该先对客户“探探底”，探询一下客户喜欢这款车的原因、竞争对手的价格情况、客户的真实需求等，然后再有的放矢地进行推荐和介绍。比如汽车销售人员可以问客户：“请问您为什么喜欢这款车呢？”“您是通过什么途径了解到这款车的呢？”“您一定在其他地方看过这款车吧，感觉怎么样？”

引导客户转向自家的汽车产品

在对客户进行一番“摸底”后，汽车销售人员接下来要引导客户转向自家的汽车产品。所谓引导，即要顺着客户的喜好去说，然后在无形中转到自家汽车的优势和卖点上。在这个过程中，汽车销售人员切忌完全改变客户的选择标准，而应该结合客户的需求，向客户介绍自家汽车产品的优势和卖点，这样客户往往更容易接受。

范例 1

客户：“你们这里有没有 ×× 车啊？”

汽车销售人员："先生，这款车我们车行暂时没有，但是我们最近到了很多新款车型，而且正在做新品促销活动，您买不买没关系，可以先看一看。"

（以新款车型和正在促销吸引客户留下来，为挖掘客户需求和推介赢得机会）

客户："嗯。"

（客户在车行转了一圈，突然在某款车前停下来）

汽车销售人员："先生，您真是眼光独到啊，一眼就看中了我们的镇店之宝！我来给您介绍一下吧，这款车……您觉得怎么样？您不妨摸摸它的车身……您再坐进去感受一下它的内部空间……"

（赞美客户，以赢得客户的好感，然后顺理成章地转入推介。在推介过程中，用提问和引导体验的方式不断与客户互动，以增加客户对汽车的兴趣）

范例 2

客户："你们这里有没有 ×× 车啊？"

汽车销售人员："先生，我想冒昧地问一下，您为什么一上来就点名要这款车呢 / 您是通过什么途径了解到这款车的呢 / 您一定在其他地方看过这款车吧，您觉得这款车最吸引您的是哪些方面呢？"

（探询客户喜欢这款车的原因、是否看过竞争对手的同款车、客户的真实需求等）

客户："我在 ××4S 店看过，就是价格有点贵。"

汽车销售人员："嗯，您说的很对，××4S 店是本市规模最大的汽车 4S 店，口碑很不错，就是价格太高了。其实买车，最重要的是质量可靠、性价比高，您说对吧？"

（先顺着客户的喜好说，然后在无形中转到自家汽车的优势和卖点上）

客户："嗯。"

汽车销售人员："先生，不知您是否了解过，我们车行已经在这里经营了 8 年了，在本市拥有很多客户，口碑也非常不错。哦，对了，不知您这次买车，大概要选什么价位的呢？"

（引导客户了解自家汽车的优势和卖点，并询问客户的心理价位）

客户："20 万元以内吧。"

汽车销售人员："嗯，这个价位的车我们这里有很多款车型，我现在就带您去看看吧。"

（根据客户的价位需求，向客户推介相匹配的车型）

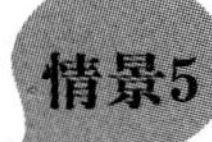

客户停在某款车前仔细观看

情景描述

客户走进汽车展厅，转悠了一阵后，忽然停在一款车前仔细观看。

错误应对

1. 对客户不予理睬，等待客户发问再进行介绍。

（这是一种消极做法，会让客户觉得受到了轻慢和冷遇）

2. "您好，请问有什么可以帮助您？"

（这种说法机械、平淡，很难打开销售的局面）

3. "如果您喜欢这款车，可以试驾一下。"

（这种做法容易欲速则不达，起码得先让客户对车有个初步的了解，再引导客户试驾）

4. "先生，您是不是很喜欢这款车？"

（这种提问非常不妥，如果客户对车很感兴趣，这么问就是多此一问；如果客户对车没兴趣或兴趣不大，这么问就很容易得到客户的否定回答，不

利于销售局面的打开）

情景解析

客户在浏览汽车的过程中，会在很短时间内把自己最关心的因素在心里过一遍，把不符合自己需求或自己不感兴趣的车型过滤掉。因此，当客户突然停下脚步仔细观看某款汽车时，多半说明客户对这款车产生了兴趣，想进一步了解该款车的情况。此时是汽车销售人员接近客户的最佳时机，如果汽车销售人员这时候能主动上前为客户提供帮助和服务，客户一般都会欣然接受。因此，当客户在某款车前驻足观看时，汽车销售人员应该不失时机地上前跟客户打招呼，然后向客户介绍该款车的优点和卖点，并引导客户进行试乘试驾体验。

需要注意的是，汽车销售人员在接近客户时，一定要先设法降低客户的心理戒备。最有效的方法就是用赞美的方式接近客户，充分体现对客户的尊重，不让客户有突如其来的感觉。在取得客户的初步信任和好感后，汽车销售人员再为客户提供服务、建议，并协助客户进行试乘试驾体验，自然过渡到汽车的销售上。

范例 1

汽车销售人员："先生，一看您就是行家！您看的这款越野车是今年的新款，最近卖得特别火，很多客户一进展厅就被它吸引了。您看，它的款式设计非常前卫、时尚，而且在材质方面非常强悍，其高强度钢占 70% 左右，而一般普通车在 50% 左右。相信您应该知道，高强度钢加工性比较差，加工成本会比普通钢高 20% 左右，这也保证了这款车的安全性能要比普通车高很多倍。"

（先赞美客户，降低客户的心理戒备，然后向客户介绍汽车的优点）

客户："嗯，听上去不错。"

汽车销售人员："先生，如果您时间充裕的话，今天不妨试驾一下。"

（引导客户进行试驾体验，以增强客户对汽车的好感）

范例2

汽车销售人员：“先生，您真是眼光独到啊！您看的这款车是我们车行卖得最好的一款，它外观时尚、线条圆滑，不张扬，有内涵，非常符合您这样的商务人士使用，而且它的后排空间很大，符合咱们中国人舒适、爱面子的需求。加上它的性能和配置都很不错，所以很多商务人士头一次来就选中了它。”

（先赞美客户，赢得客户的好感，然后向客户介绍汽车的优点）

客户：“嗯。”

汽车销售人员：“来，先生，您可以坐进驾驶室体验一下！”

（引导客户进行试乘体验，以增强客户对汽车的好感）

情景6

客户开门见山问“这款车多少钱”

情景描述

客户在一款车前停下来，仔细观察了一阵后，向汽车销售人员问道：“这款车多少钱，有优惠吗？”

错误应对

1. “25万元，暂时没有优惠。”

（当客户直接询问汽车价格时，汽车销售人员最好不要直接报价，因为汽车属于高消费品，动辄几十万元，客户的第一反应肯定是“太贵了”；最

好的方法是先让客户深入了解汽车的优点和卖点，然后再报价，这样能让客户觉得物有所值，从而降低后续的价格异议处理的难度）

2. “这款车正在做促销，原价 25 万元，优惠价是 23.8 万元。”

（这种做法过早地将优惠幅度和底价告知了客户，会让汽车销售人员在议价时处于被动地位，从而增加议价的难度）

3. “这款车很贵哦，它是我们车行配置最高的一款。”

（这种说法的言外之意是客户买不起这么贵的车，有轻视、瞧不起客户的嫌疑）

4. “价钱不重要，关键是车好不好，适不适合您，您说对吗？”

（这种说法容易引起客户的反感，追求质优价廉是消费者的普遍心理，而且每分钱都是客户辛苦赚来的，怎么能说价钱不重要呢）

情景解析

客户开门见山地直接询问价格，可能是出于自己的消费习惯，也可能是真的对某款车型情有独钟，或者对某款车型已经进行过深入的了解和考察，只剩下价格问题了。不管是哪种情况，汽车销售人员都不能直接贸然地向客户报价，因为客户的询价不是为了购买而问价，而是在搜索产品的价值信息，试探汽车销售人员的底价，以便做到心中有数。在这种情况下，过早地报价会导致买卖双方提前进入价格谈判阶段，使汽车销售人员在价格谈判中陷入被动局面，丧失议价的主动权。

因此，面对接洽初期客户的询价，汽车销售人员应该采用模糊的区间价格来应答，或者以其他话题来转移客户对价格的关注。

先价值后价格法

对汽车销售人员来说，最理想的流程是先引导客户详细、深入地了解汽车的特点和优点，并挖掘客户的需求，等到客户对汽车的卖点和价值真正了解后，再水到渠成地报出价格。在这个过程中，汽车销售人员要尽量将汽车的卖点和价值一一展现给客户，然后观察客户的反应，看汽车是否真能满足客户的需求。只有先确保汽车能充分满足客户的需求，让客户觉得汽车物有所值或物超所值，他才更容易接受汽车的价格。

适当造势法

客户大都对人气旺的车型感兴趣，因此，汽车销售人员在引导客户了解汽车时，要学会适当地“造势”，向客户显示该款车人气高、很抢手，这样能大大增加客户对该款车的认可度和满意度。比如汽车销售人员可以告诉客户：“今天已经有八九位客户问起这款车了”“这款车已经有五六位客户预订了，有一位客户明天就要来提车”等，这样能在很大程度上激发客户对汽车的兴趣。

反问客户法

当客户询价时，汽车销售人员可以用轻松、半开玩笑的口吻试探一下客户的底价，然后再进行下一步的应对。比如：“先生，您真是有眼光啊！一眼就看中了我们这款镇店之宝，这么好的车，您觉得多少钱合适呢？”这种方法能让汽车销售人员跳出尴尬，掌握价格谈判的主动权。

预先框视法

面对客户的询价，汽车销售人员可以先框视客户是一位讲究生活品位的成功人士，因为讲究生活品位的成功人士通常不会因价格贵而拒绝购买或拼命讨价还价；然后框视客户会做出明智的决策。这种方法只要运用得当，多半都能成功地完成销售。

等到客户对汽车有了清晰、透彻的了解，并且流露出极强的兴趣和购买欲望时，或者客户反复询问价格，对你“喋喋不休”的介绍流露出不耐烦的神情时，就可以向客户报出价格了。

范例 1

客户：“这款车多少钱，有优惠吗？”

汽车销售人员：“先生，看来您是个买车的行家啊！一眼就看中了我们这款镇店之宝，这么好的车，您觉得多少钱合适呢？”

（用反问法跳出尴尬，掌握价格谈判的主动权）

客户："这我可说不好。"

汽车销售人员："您之前应该试驾过吧？"

（挖掘客户的看车经历）

客户："没有，我在另一个车行看过同款的车，但是他们的报价比网上的价格贵不少呢。你们这款车最低价多少啊？"

汽车销售人员："这款车网上报价在15万到16万元之间，不知道您说的那家车行给您报价多少呢？"

（挖掘竞争对手的报价情况）

客户："16.8万元。"

汽车销售人员："哦。那您对这款车本身还算满意，对吗？"

（询问客户对车的满意程度）

客户："嗯，动力性、安全性、舒适度都不错，就是价格有点贵了。"

汽车销售人员："那您觉得多少钱合适呢？"

（询问客户的心理价位）

客户："呃……16万元以内我还能接受！"

汽车销售人员："先生，这款车是今年的新款，它在动力方面……安全方面……舒适度方面……上市后，很多客户都抢着订购，今天已经有五六位客户预定了，有一位客户明天就要来提车呢。"

（将汽车的卖点和价值一一展现给客户，并用汽车人气高、抢手激发客户的购买欲望，转移客户对价格的关注）

范例2

客户："这款车多少钱啊？有优惠吗？"

汽车销售人员："先生，您真有眼光，您看中的这款车，可是目前欧美最流行的车型，这款车共有四款不同配置的车型：时尚型、运动型、舒适型和豪华型，价位在8万到12万元之间，能满足驾驶者不同的偏好，请问您更喜欢哪种风格的呢？"

（采用模糊的区间价格应答客户，并用需求话题转移客户对价格的关注）

客户："舒适型的吧……"

汽车销售人员："先生，这一款就是舒适型的，我打开车门您先看一看。

与同价位的其他车型相比，这款车有几个独特的优势，您愿意了解一下吗？”

（引导客户了解汽车的独特优势）

客户：“哪些优势啊？说来听听……”

汽车销售人员：“第一是这款车油耗较低，排量是1.6L，第二是……”

（根据客户的需求情况，将汽车的卖点和价值一一展现给客户）

客户：“嗯嗯，这些我都知道了，那这款车多少钱呢？”

汽车销售人员：“15万元。”

（客户已经对汽车有了清晰、透彻的了解，并对汽车销售人员的介绍流露出不耐烦的语气，所以汽车销售人员适时向客户报出价格）

范例3

客户：“这款车多少钱啊？有优惠吗？”

汽车销售人员：“先生，您真是一位讲究生活品位的男士，一般人都不太欣赏这种越野风格的车。这款车底盘高，越野性能好，非常适合您这样的男士。”

（预先框视客户是一位讲究生活品位的人士）

客户：“嗯，最低多少钱？”

汽车销售人员：“这款车底盘厚实稳重、钢板厚1.2mm，驾驶起来稳定、安全！不像有些车的钢板很薄，只有0.8mm，驾驶起来轻飘不说，稍微碰一下就会瘪。车关系到咱们的人身安全，必须选安全系数高的才行！”

（通过对比法介绍汽车的优点）

客户：“这款车底盘厚，车身重，肯定很耗油吧？”

汽车销售人员：“这款车在油耗方面……动力方面……配置方面……”

（向客户介绍汽车的性能、配置等问题）

客户：“嗯，你不用再介绍了，你就直接告诉我，这款车多少钱吧！”

（客户对汽车销售人员的介绍流露出不耐烦的神情）

汽车销售人员：“25万元。”

客户：“有点小贵啊。”

汽车销售人员：“先生，按照我们车行的营销规划，这款车目前正在做9折促销活动。您看，这么高端、时尚、大气又特别适合您的车，您一来就碰上促销期，真是上天注定的缘分啊！相信您一定会在最合适的时间做最正确的决定，对吗？”

（预先框视客户会做出明智的购买决策）

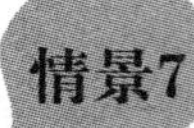

客户在展厅内转了一圈，什么也没说就要离开

情景描述

客户走进展厅转了一圈，什么话也没说就要离开。

错误应对

1.“请慢走，欢迎下次光临。”

（这种说法缺乏主动性，没有积极争取与客户进一步沟通的机会，会在无形中失去成交的机会）

2.“您想买什么车啊？说出来我给您介绍一下。”

（这种说法语气生硬，对客户隐含着一种不满情绪，容易得到客户的否定回答）

3.“您稍等一下，我们最近到了很多新款车，我可以给您介绍一下。”

（这种盲目推介新款车的做法很难吸引客户留下来，因为新款车不一定符合客户的需求）

4.“先生，您别着急走啊，价格可以商量的！”

（这种主动让价的做法，不仅会使汽车销售人员在后续的价格谈判中处于被动地位，还可能让客户对汽车的质量产生怀疑）

情景解析

客户走进汽车展厅，说明客户对汽车有一定的兴趣和购买意向。而客户进入展厅逛了一圈什么话也没说就要离开，通常有以下几种原因：展厅内的样车没能引起客户的兴趣，客户没发现自己中意的车；汽车销售人员的接待方法或服务态度令客户感到不舒服，比如太冷淡或太热情等；希望多看几家，比较一下；因目标性不强等原因，面对各式各样的车型，不知该如何选择；感觉价格太高，想以“离开”要挟汽车销售人员让价等。

无论客户出于以上哪种原因想要离开，汽车销售人员都应设法让客户多停留一些时间。因为客户走出展厅以后，很可能转向其他车行，只有先设法把客户留下来，才有继续销售的可能。而且客户停留的时间越长，对汽车产品的了解就越多，购买的兴趣和欲望就会越强。

要想让客户留下来，汽车销售人员首先应该用真诚、礼貌的态度挽留客户，然后要给客户一个留下来的理由。下面几种理由，汽车销售人员不妨在销售实践中运用一下。

向客户征询意见或建议

在客户打算离开时，汽车销售人员可以诚恳地请客户提一些意见或建议，比如：“先生，我看您刚才留意的都是一些比较有特色的车型，看来您对汽车很内行啊，能否麻烦您在我们的留言板上留下您的意见和建议呢？”利用客户留意见或建议的机会，汽车销售人员可以探询客户打算离开的原因，挖掘客户的需求。

激发客户的好奇心

在客户打算离开时，汽车销售人员可以用“我敢说”“刚才忘了跟您说”等语言激发客户的兴趣，然后通过向客户推荐某款车，吸引客户留下来。比如：“先生，刚才忘了跟您说，我们今年性价比最高的一款车您可能还没看到呢……”“先生，我敢说，我们这里配置最高的一款车您刚才肯定没留意到，这款车是专门针对您这样的高端客户推出的……”“先生，刚才忘了跟您说，我们车行现在正在搞店庆活动，部分车型优惠力度能达到上万……”

需要注意的是，汽车销售人员在运用这种方法时，不能为了吸引客户留下而制造一些莫须有的悬念，即制造出来的悬念必须是真实存在的，有真凭实据的。另外，汽车销售人员在向客户推荐车时，不要只自顾自地在那里喋喋不休，因为这种没有经过需求挖掘的直接介绍，目的只是引起客户的好奇心，吸引客户留下来，并不是非要把该款车推销给客户。

赠送客户资料或小礼品

在客户打算离开时，汽车销售人员不妨以赠送客户资料或小礼品为由，将客户挽留下来，然后以此为契机，询问客户打算离开的原因，并顺势向客户进行推荐和介绍。比如："先生，麻烦您稍等一下，为感谢您的光临，我们特意为您准备了一份新年台历，上面印有我们公司一些经典车型的图片，非常精美，您可以带回去看看。"对于这种意外惊喜，客户一般都不会拒绝，并且在拿到资料或礼品后，客户往往会因为不好意思马上离开而继续跟汽车销售人员多聊一会儿，这就为汽车销售人员赢得了更多的推介机会。

当然，如果客户坚持要走，汽车销售人员也不要过多地纠缠客户，或者因为客户没买车就沉下脸来，而应该保持热情、友好的态度，真诚地感谢客户光临，让客户感受到尊重。

范例 1

汽车销售人员："先生，请留步！我看您转了一圈什么也没说就要走，是不是没有看到中意的车型？还是我们的服务不够周到怠慢了您？您可以说出来，我们一定会认真改进的。"

（用真诚、礼貌的态度挽留客户）

客户："哦，没有什么不周到。"

汽车销售人员："先生，麻烦您稍等一下，为感谢您的光临，我们车行特意为您准备了一份精美的小礼品，是我们公司一些经典车型的仿真模型，您可以带回去给孩子玩，或者当饰品摆在家里。"

（以赠送客户小礼品为由，将客户挽留下来）

客户："哦，谢谢。"

汽车销售人员："先生，我想冒昧请教一下您打算看什么车？也许我能给您介绍几款合适的，您买不买都没关系，我帮您介绍一下，也耽误不了您多少时间。"

（探询客户的需求）

客户："哦，我想看看今年新出的××款SUV，可是我看了一圈也没有找到。"

汽车销售人员："哦，原来是这样啊。我想您是误会了，××款SUV在我们展厅的贵宾区，您可能没有注意到，请您跟我来。"

范例2

汽车销售人员："先生，请留步，您既然来了，请坐下来喝杯茶吧。毕竟买车是个费时耗精力的事儿，需要多看看、多比较、多了解。"

（用真诚、礼貌的态度挽留客户）

客户："不用了，谢谢。"

汽车销售人员："先生，我敢说，我们这里配置最高的一款车您刚才肯定没留意到，这款车是专门针对您这样的高端客户推出的，曾荣获过××大奖！您买不买没关系，可以看一看做个参照。"

（通过向客户推荐某款车，激发客户的好奇心，吸引客户留下来）

客户："哦，不用了，我就是先转一转，大概地了解一下，暂时还没有购买的计划。"

汽车销售人员："嗯，那我能否冒昧地问一句，如果您将来买车，打算买什么款式的车呢？您可以坐下来歇一会儿，顺便跟我说一说。"

（探询客户的需求，并设法让客户多停留一些时间）

客户："哦，不用了，谢谢。"

汽车销售人员："不客气。非常感谢您的光临，如果有需要，欢迎您随时过来。"

（热情、真诚地感谢客户光临，让客户感受到尊重）

范例3

汽车销售人员："先生，请留步，我看您刚才留意的都是一些比较有特色的车型，看来您对汽车很内行啊，能否麻烦您在我们的留言板上留下您的意见和建议呢？"

（通过向客户征询意见和建议，吸引客户留下来）

客户："哦，不用了，我没什么意见和建议。"

汽车销售人员："先生，请您稍等一下，我给您一份我们的资料看看吧，里面有我们公司最新款的汽车产品介绍。"

（以赠送客户资料为由，将客户挽留下来）

客户："嗯，谢谢。"

汽车销售人员："先生，我想冒昧地问一句，我看您刚才看车的时候挺认真的，怎么突然要走呢？是没有挑选到喜欢的车型吗？"

（探询客户打算离开的原因）

客户："有几款车还行，就是价格太贵了。"

汽车销售人员："先生，刚才忘了跟您说，我们车行现在正在搞店庆活动，部分车型优惠力度能达到上万元，我给您介绍一下吧？"

（利用店庆优惠，吸引客户留下来）

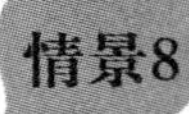

情景8

老客户再次光临车行

情景描述

客户顾先生曾在车行买过一辆车，并且给车行介绍了不少新客户。今天他再次登门。

✕ 错误应对

1."您好，顾先生，欢迎光临！"

（这种对待老客户的态度缺乏足够的热情，和对待一般客户没什么区别，会让老客户有一种失落感）

2.“顾先生，您好长时间没来了，今天来是自己买车，还是给朋友看啊？”

（这种表述方式过于功利化，似乎双方之间除了买卖关系就没有别的，这会在一定程度上降低老客户的满意度）

3.“顾先生，您先随便看看，有需要随时叫我。”

（这种接待方法会让老客户觉得没有受到应有的重视，从而大大降低老客户的购买热情）

4.仗着跟老客户关系熟络，优先接待新客户，暂时把老客户晾在一边。

（这种怠慢老客户的做法是销售的大忌，越是老客户越需要认真接待，否则老客户会觉得自己受了冷落，从而对车行和汽车销售人员失去好感和信任）

情景解析

老客户是车行最优质、最稳定、最具潜力的资源，基于之前的购买经验和对车行的信任，老客户不仅会在自己需要时选择再次登门，而且会把自己的购买体验和经验传递给周围的亲朋好友，给汽车销售人员带来更丰富的客户资源。

然而，很多汽车销售人员往往有个误区，觉得跟老客户很熟，稍稍怠慢一点也没关系，还是新客户更重要一些。其实不然，老客户大多有一种“倚老卖老”的心态，希望在情感上比其他普通客户得到更多的关注和重视，所以当老客户再次登门时，汽车销售人员一定要对他们“特殊对待”，让他们体验到一种与众不同的感觉。具体来说，汽车销售人员应该做到以下几点：

记住老客户的名字

汽车销售人员首先要熟记老客户的信息资料，尤其是老客户的姓名，如果实在记不住，最起码要记住老客户的姓氏。这样才能在老客户再次登门时，准确地叫出他们的称谓，给他们一种自豪感和亲切感。

以加倍的热情接待老客户

在人际交往中，人都希望自己受到别人的重视，老客户更是如此。所以当老客户第二次登门时，汽车销售人员一定要拿出加倍的热情来接待他们，并尽量以朋友的身份与他们沟通。比如："顾先生，您好久没过来了，最近忙什么呢？""顾先生，好久不见了，最近好吗？家人都挺好的吧？"声音要高亢一点，同时表情、动作也要表示出足够的热情，比如快步迎上前去、主动给老客户拿包、沏茶等。

真的很忙怎么办

如果汽车销售人员真的很忙，起码也要跟老客户先打个招呼、倒杯水，然后致以歉意："顾先生，不好意思，您先坐一下，我接待完那位先生，马上就过来！"顺便拿一些新品宣传册或促销信息给老客户看，一来不让老客户干等着，二来让老客户了解一下车行的新品或促销信息。忙完其他客户后，汽车销售人员要再次向老客户表示歉意："顾先生，实在不好意思，让您久等了！"这样老客户也不会责怪你。

对帮忙转介绍的老客户表示感谢

如果老客户帮忙介绍了新客户，那么不管成功与否，汽车销售人员都要对老客户表达诚挚的感谢，比如："顾先生，您给我们介绍了不少客户，非常感谢您对我们的厚爱与支持。"

建立客户档案

每次接待结束后，汽车销售人员最好及时建立一个客户档案，登记客户的姓名、联系方式等基本信息，和他们的性格、外貌等特征，以及他们的特殊话语、特殊事件、独特需求、特别关注点等。这样当客户再次登门时，你就能说出他们曾说过的一些话或做过的一些事，从而令客户印象深刻。

另外，汽车销售人员最好把每次与客户沟通的要点记录下来，因为这里面很可能包含着客户的需求信息。这样当客户再次登门时，你就能直接把能够满足其需求的汽车产品推荐给他们。

范例1

汽车销售人员："顾先生，好久没见到您了！看把您冻的，赶快坐下来喝杯热水暖和暖和！"

（热情地接待老客户，并以朋友的身份与老客户沟通）

客户："好的，谢谢。"

汽车销售人员："对了，顾先生，有件事我得好好谢谢您呢。上周有位何先生来买车，您可帮了我的大忙，否则我不可能那么快成交的。真的谢谢您了！"

（对老客户的帮忙表达真挚的感谢）

客户："客气啥，我只是顺便说说我的感受而已。"

汽车销售人员："应该的，我们店长再三嘱咐我，一定要好好谢谢您对我们车行的厚爱与支持。"

（用店长的嘱托，彰显对老客户的尊重和重视）

客户："你们真是太客气了，哈哈。"

汽车销售人员："对了，顾先生，您上次说想帮朋友看看商务车，我们这几天正好上了一些新款的商务车，外观和配置都非常不错，等会儿我再慢慢为您介绍。"

（清楚地记得老客户的需求，让老客户获得一种亲切感和自豪感，并转入正题，向客户推介）

范例2

（汽车销售人员正在为一位新客户安排试驾，这时一位老客户走进车行）

汽车销售人员："（对新客户）对不起，先生，请您稍等一下，我过去打一下招呼马上就回来。"

（先对正在服务的新客户致歉，然后再去招呼老客户）

客户："好的。"

汽车销售人员："（对老客户）顾先生，好久没见到您了，最近在忙什么呢？家人还好吧？"

（以朋友的身份跟老客户打招呼）

老客户：“瞎忙呗。我家人都挺好的，谢谢关心。”

汽车销售人员：“（给老客户倒上一杯茶，然后小声说）顾先生，给您一份新品宣传册，您先翻翻看看，我招呼完那位客人马上过来。”

（热情接待老客户，并通过“悄悄话”的方式向老客户展示一种特殊的亲密感，从而增加老客户的好感和信任）

老客户：“好的，你先忙你的。”

（30 分钟后，新客户试驾结束）

汽车销售人员：“不好意思，顾先生，让您久等了！请问您今天……”

（忙完新客户后，再次向老客户表示歉意，并询问老客户的需求）

情景9

客户是经老客户介绍来买车的

情景描述

一位客户走进展厅，汽车销售人员热情地上前接待，客户自我介绍说：“我朋友李 ××（汽车销售人员的一位老客户）去年在你们这里买了辆车，他说你们这里服务不错，所以我过来看看。”

✕ 错误应对

1. “您好，欢迎光临，请问您想看什么车？”

（客户是老客户介绍过来的，心理上肯定希望得到汽车销售人员特别的尊重和优待。这种常规的接待方式容易让客户产生疏远感，让客户倍感失落）

2.“您好，请问您想买什么车？”

（这种开门见山、直奔主题的发问方式，会让客户觉得你太势利，眼里只有生意）

3.“不好意思，每天接待的客户太多了，您说的李 ×× 我没有印象了。”

（汽车销售人员对老客户没有印象，不仅会让新客户失望，觉得你对老客户缺乏重视，而且会在很大程度上打击老客户，降低老客户的信任度和忠诚度）

情景解析

老客户把新客户介绍给汽车销售人员，这在很大程度上代表了老客户对车行及汽车销售人员的认可和信任。因此，汽车销售人员在接待这类新客户时，一定要给予其高度的重视和非同一般的优待，这不仅是给新客户面子，更是给老客户面子。这样一来，新老客户都会倍感尊荣，从而增加客户的满意度和忠诚度。

在与新客户沟通时，汽车销售人员首先应该关心的不是新客户想买什么车，而应该首先关心和询问一下老客户的近况如何，车辆使用情况如何，这样能在很大程度上增加新客户对汽车销售人员的好感和信任——他这么关心老客户的近况，那以后我在他这儿买了车，他也一定会这样关心我；其次要向客户强调车行回头客多，服务好，让客户觉得来找你买车是明智之举；最后要了解老客户是如何向新客户介绍自己的，然后根据老客户介绍的情况窥探出新客户选购汽车时所看重的因素，并以此为根据向新客户进行推荐和介绍。

需要注意的是，在接待完新客户后，汽车销售人员要及时给老客户打个电话，或者直接登门拜访一下老客户，一方面向老客户汇报一下与新客户接洽的情况，另一方面向老客户致以诚恳的谢意。这样做老客户会觉得你懂事、有人情味，从而进一步提升老客户的满意度和忠诚度。

范例 1

客户：“请问小刘在吗？”

（客户一上门就指名道姓直接找某位汽车销售人员）

汽车销售人员："（快步上前迎接客户）我就是小刘，请问您是？"

（先确认一下客户的身份）

客户："我姓赵，我朋友李××去年在你们这里买了辆车，他说你们这里服务不错，所以我过来看看。"

汽车销售人员："哦，原来是这样。李先生去年在我们这里买了一辆7座的商务车，我们车行大概有50%的客户都是老客户介绍来的。但凡是在我们车行买过车的，普遍反映我们家的服务好。李先生给予我们这么高的评价，说明他对我们的服务非常满意。您放心，您在我们这里买车，保证让您满意。"

（通过强调车行的服务好，回头客多，增强客户的购买信心）

客户："呵呵，我也是冲着你们的服务好才过来的。"

汽车销售人员："请问，李先生是怎么跟您说的？"

（了解老客户是如何向客户介绍的）

客户："他说你们车行规模大，车型全，最主要是售后服务好，没有什么后顾之忧。"

（从客户的言语可以判断，客户买车比较看重售后服务。因此，汽车销售人员在之后的沟通中，要重点强调车行的售后服务，以增强客户的购买信心）

范例2

客户："请问小刘在吗？"

（客户一上门就指名道姓直接找某位汽车销售人员）

汽车销售人员："（快步上前迎接客户）我就是小刘，请问怎么称呼您？"

（先确认一下客户的身份）

客户："我姓赵，我朋友李××去年在你们这里买了辆车，他说你们这里服务不错，所以我过来看看。"

汽车销售人员："哦，原来是这样啊。李先生去年在我们这里买了一辆7座的商务车。对了，他现在过得怎么样？车开得顺心不？没什么问题吧？"

（通过关心老客户的状况，加深新客户对车行的好感和信任）

客户："他挺好的，车开了一年多了，状况良好。有一次我们聚会聊起买车的事情，他说你们车行不错，建议我买车的话，可以过来看看。"

汽车销售人员："李先生已经给我介绍过好几位客户了，去年年底他还带着一位冯先生过来买了一辆车。他能介绍您来，真让我感到荣幸啊！哦，对了，请问李先生是怎样向您介绍的？”

（通过老客户给自己介绍了不少新客户，说明自己的服务和口碑好，让客户觉得来找自己是明智之举）

客户：“哦，他说你不仅非常专业，而且待人实诚，办事牢靠，服务周到，找你买车肯定不会吃亏。”

（从客户的言语可以判断，客户比较看重汽车销售人员的人品和服务）

汽车销售人员：“是嘛！李先生对我评价这么高呢！看来我不帮您推荐一款称心如意的车，都没法跟李先生交代了。对了赵先生，咱们坐下来聊聊您打算看什么类型和价位的车吧？”

（用开玩笑的方式拉近与客户的距离，然后顺势了解客户的购车目标）

客户：“好啊……”

情景10

客户看完车打算离开，汽车销售人员想请其留下个人信息资料

情景描述

客户看完车打算离开，汽车销售人员向客户索要电话号码等个人信息资料，以便进行销售跟踪，但客户不愿告知。

错误应对

1. 客户不愿说就算了。

（这种做法等于主动放弃了客户，不是一个优秀的汽车销售人员应该采取的态度）

2. 客户不说就接连发问。

（这种做法显得过于冒失和急功近利，容易将客户“吓”跑）

3. 用车行规定要求客户留下电话号码等个人信息。

（这种做法有强制客户之嫌，容易引起客户的反感）

4. 告诉客户只有留下电话号码，有合适的车时才能通知他。

（这种方法只能使一部分客户留下电话号码，大部分客户会因为害怕受到电话骚扰而不愿留电话）

情景解析

客户买衣服、买菜等小物件时，往往能在很短时间内做出决定，而买车这种大物件时，往往需要一个过程。在这个过程中，汽车销售人员和客户沟通的质量如何、有没有建立起信赖感等因素直接影响着成交的概率。如果汽车销售人员在第一次接待客户时能留下客户的个人信息资料，比如姓名、住址、联系方式等个人背景信息，以及客户偏好的车型、动力性能、配置、价位等产品需求信息，成交的概率就会大大增加。

在上述这些信息中，最关键的是客户的姓名和联系方式，只有获悉了这两条，汽车销售人员才能进行以后的销售跟进。那么，汽车销售人员怎样才能获得客户的姓名和联系方式呢？

汽车销售人员要想获得客户的姓名，最好先报上自己的姓名，然后稍作停顿，给客户自报家门的机会，如果客户想说自然会主动说出来；如果客户不想说，汽车销售人员就要用礼貌、柔和的语调引导客户说出来，比如："先生，请问您贵姓？""先生，请问怎么称呼您？"如果客户有心买车，他自然会留下姓名。

汽车销售人员要想获得客户的联系方式，一般可采取以下几种方法：

讲清利益和好处

如果客户不愿留下联系方式，这时汽车销售人员就要跟客户讲一讲留下联系方式的利益和好处，比如一旦有符合其需求的新车，可以随时联系上他。同时，汽车销售人员要向客户保证，自己绝不会随意骚扰他，更不会随便泄露他的个人信息资料。一般情况下，只要客户听了这两点，都会把联系方式留下来。

交换号码

在人际交往中，人们大都很注重礼尚往来，比如我主动给你留了名片，那么从礼节上来说，你也应该给我一张你的名片。汽车销售人员在索取客户的联系方式时，也可以运用这种方式，比如："先生，我们的电话号码是……，您以后有什么问题可以随时联系我，请问您的联系方式是？"

在与客户交换联系方式时，最好请客户坐下来，然后递给客户纸和笔，让他把电话号码写下来。这属于一种心理技巧，当客户接过纸和笔，一般都不会拒绝的。

范例 1

汽车销售人员："先生，请问您的电话号码是多少呢？"

客户："电话号码我就不留了，有需要的话我会再来的。"

汽车销售人员："先生，根据您刚才的描述，我们这几天正好有几款适合您的车会到货，我想等到货了跟您联系呢。"

（制造借口索取客户的联系方式）

客户："我以前在别的车行留过一次电话，结果每天都接到十来个电话，烦死人了！"

汽车销售人员："先生，我非常理解您的感受。您放心，我们车行在客户信息管理方面是非常严格的，按照车行规定，我和我的同事不会随便给您打电话的，更不会随意泄露您的个人信息。"

（先对客户的心情表示理解，然后向客户保证，绝不会随意骚扰他，更不会随便泄露他的个人信息资料）

客户："好吧，你记一下……"

范例 2

汽车销售人员："先生，我姓刘，您叫我小刘就行。请问怎么称呼您？"

（先报上自己的姓名，然后引导客户说出自己的姓名）

客户："我姓马。"

汽车销售人员："马先生，真的很抱歉，没能找到令您满意的车型。对了，您能说说您大概的购买要求吗？"

（询问客户的购买需求）

客户："购买要求？"

汽车销售人员："是的，马先生，车的配置、性能、价位不同，我们的优惠力度也会有所差异，不知道您打算要什么配置和价位的？"

（迂回询问客户的需求情况）

客户："我想要一辆……，至于价位，20万元以内的就行。"

汽车销售人员："好的，马先生，我会尽快跟厂家联系，一有符合您需求的车型到货，我会第一时间打电话通知您。我的电话是……，请问您的电话是多少？"

（利用礼尚往来索取客户的联系方式，同时递给客户纸和笔）

情景11

客户考察一番后再度到访

情景描述

客户前几天来过，看了几款车型，但没有定下来，说要到其他地方再看看。这天，该客户再度来到车行。

错误应对

1."先生，我猜您肯定会再来的！"

（这种说法充满自负的语气，好像能洞穿客户的心思，会让客户觉得没面子）

2.“怎么样？到其他地方看了看，还是回来了吧？”

（这种说法带有调侃和揶揄的味道，容易引起客户的反感）

3.“先生，您第一次来我就说过，您比较半天，我们家的汽车肯定是您最佳的选择，现在您信了吧？”

（这种说法有奚落、取笑客户的嫌疑，容易引起客户的不满）

情景解析

购买汽车是一笔巨额支出，而且与客户的生活和人身安全休戚相关，因此，客户购车时进行考察、比较是很正常的。客户到其他车行比较了一番再度光临，说明客户对前番了解的汽车有一定的好感和购买意向，成交的可能性很大。对待这种“二次登门”的客户，汽车销售人员要注意以下几点：

首先要亲切熟练地称呼客户，给予客户礼貌、热情、周到的接待和服务，并自然地提一下前次接洽时的细节，但尽量不要提及客户看完、试完车不买的事情，同时对客户进行适当的肯定和赞美，以赢得客户的好感；其次要沉住气，耐心向客户介绍汽车的卖点和价值，同时引导、协助客户进行试乘试驾体验，增强客户的购买信心。需要注意的是，即便看出客户有成交的意向，汽车销售人员也不能流露出急迫或窃喜的表情。

范例1

汽车销售人员：“刘先生，欢迎您再次光临！我是王伟，上次是我接待的您，您还有印象吧？”

（亲切熟练地称呼客户，让客户有亲切熟悉感）

客户：“哦，对，上次是你给我介绍车子的。”

汽车销售人员：“刘先生，上次您也没来得及试车，今天如果不忙的话，试试车吧。您还是看上次那款车吗？”

（回顾上次接洽的细节，体现对客户的重视与关注）

客户："对。"

汽车销售人员："我记得您上次说买车主要是上班用，这款车不仅油耗低，价格也实惠，相信您经过对比也发现了，我们家这款车在国产车里算是性价比最高的，来，您坐上去感受一下。"

（继续回顾上次接洽的细节，然后耐心向客户介绍汽车的卖点和利益，同时引导客户进行试乘体验）

范例2

汽车销售人员："刘先生，欢迎您再次光临！我是王伟，上次是我接待的您，您还有印象吧？"

（亲切熟练地称呼客户，让客户有亲切熟悉感）

客户："哦，对，上次是你给我介绍车子的。"

汽车销售人员："刘先生，您真是个行家里手，不但眼光独到，而且还会货比三家。其实买车就该像您这样，只有经过慎重的考察和比较，才能知道哪家的车质量更好，价格更公道。您说是吧？"

（对客户的做法进行肯定和赞美）

客户："嗯。"

汽车销售人员："刘先生，其实根据您上次的描述，有一款车挺符合您的需求的。本来上次就应该安排您试驾，只是预约的人太多，所以让您失望了。您走之后我就为您做了试驾安排，今天保证让您试车……"

（回顾上次接洽的细节，体现对客户的重视与关注，并引导客户试驾）

客户："嗯，谢谢。"

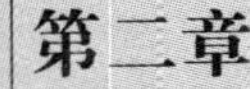

第二章

打开客户的消费“闸门”

——发掘客户需求情景训练

和其他商品销售一样，汽车销售也是一个发掘客户需求、引导客户需求，并最终满足客户需求的过程。通常情况下，客户的购买需求越迫切，其购买决策就会做得越迅速、越果断。因此，汽车销售人员有必要学习和掌握一些发掘、引导客户需求的方法和技巧，只有这样，才能快速找出适合客户需求的车型，并将最能打动客户的汽车卖点推介给客户，从而高效地促进交易的达成。

想了解客户的个人信息资料

情景描述

在沟通过程中，汽车销售人员想了解一下客户的个人信息资料，以便让自己的推介工作更有针对性。

错误应对

1.“请问您买车是几个人用？是您还是您家人驾驶？”

（这种说法旨在了解客户的家庭情况，但这种询问方式好像查户口一样，容易引起客户的反感）

2.“您之前开的什么车啊？感觉怎么样？”

（这种询问方式目的性太强，而且语气比较生硬，容易引起客户的不悦）

3.“请问您做什么工作？收入情况怎么样？”

（这种询问旨在了解客户的经济水平，但是问得过于直接，缺乏技巧性，可能引起客户的反感和抵触）

情景解析

俗话说：知己知彼，百战百胜。汽车销售人员在向客户推介汽车前，首先应该对客户的个人信息进行一个全面、深入的了解，比如客户的个人情况（姓名、地址、联系方式等）、家庭情况（家庭成员、婚姻状况、家庭收入）、工作情况（工作单位、个人职位、收入情况）、驾驶情况（驾龄、以往所用汽车品牌、车型、满意程度）、需求情况（购车动机、目标车型）、购买的决策情况（购车的资金来源、谁是关键决策人）、客户对市场的了解情况（曾看过哪些品牌或车型、感觉如何）等，对客户的信息了解得越全面、越详细，越能把准客户的需求、喜好、消费水平、购车顾虑和异议搞清楚，从而越容易为客户匹配出最合适的车型。

但是，当汽车销售人员问及上述这些个人信息时，客户出于戒备心理，可能会拒绝回答或敷衍应对。因此，汽车销售人员要想获得真实的信息资料，就不能用太直白的方式向客户发问，更不要像查户口一样，左右盘问，追问不休，这样只会让客户倍感压力，引起客户的反感和抵触情绪。

最好的方法是一边跟客户闲聊，一边在不经意间发问，让客户在没有防备的情况下自然说出内心的真实想法；汽车销售人员还可以向客户阐明，自己了解其个人情况是为了帮其节省时间，力争用最短的时间为其找到最合适的车型，这样客户的戒备心理和抵触情绪就会大大降低；汽车销售人员也可以通过赞美客户的方法，让客户在愉悦的心情中自然而然地作出回答；在一些共通性的问题上，汽车销售人员可以通过隐私交换的方法，引导客户说出自己的相关信息，即汽车销售人员先介绍自己的信息，引起客户的兴趣和共鸣，然后顺势引导客户透露自己的信息；当然，如果客户比较随和、容易相处，汽车销售人员也可以用单刀直入的方式询问，不过在询问前最好先征求一下客户的意见。

范例 1

汽车销售人员：“黄先生，看您这么年轻，应该还没结婚吧？”

（通过赞美客户年轻，了解客户的家庭情况）

客户：“哪里，哪里！我早就结婚了，我们家孩子都 3 岁了。”

汽车销售人员：“是吗？真是看不出来。那您是准备买一辆一家三口用的汽车啦？”

（继续赞美客户，并顺势探询客户的购车动机）

客户：“是的。这不孩子也到入幼儿园的年龄了嘛，所以考虑买辆车，方便接送孩子上下学。”

汽车销售人员：“是啊，现在的父母最重视的就是孩子的教育问题了。学习环境对孩子的成长影响非常大。我有一位客户，就是因为孩子就读的学校校风不太好，怕孩子学坏，所以把孩子转到了市中心的 ×× 小学，然后为了接送孩子，在我们这里买了一辆……”

（先对客户的想法表示赞同，然后用其他客户买车的案例，为接下来的推介工作做铺垫）

范例 2

汽车销售人员：“黄先生，您是不是 ×× 大学的老师啊？”

（用旁敲侧击的方式探询客户的职业信息）

客户：“不是啊，为什么这么问？”

汽车销售人员：“哦，恕我唐突了。昨天有一位老客户给我打来电话，说他有一位朋友在 ×× 大学当老师，今天要过来看看车，我看您穿着这么有品位，谈吐这么温文尔雅，以为您就是那位老师朋友呢。”

（赞美客户，让客户在愉悦的心情中自然而然地作出回答）

客户：“哦，不是，我是搞建筑设计的。”

汽车销售人员：“建筑设计可是一个高薪职业啊。看您开来的座驾就能看出来，您是一位非常讲究生活品位的男士。”

（用旁敲侧击的方式探询客户的收入情况）

客户：“哈哈，谢谢。”

汽车销售人员：“对了黄先生，您有这么好的座驾，为什么还要买车呢？”

（先赞美客户，然后询问客户的购车动机）

客户：“哦，我这次来是给我老婆看车，她每天上下班挤地铁太辛苦了。”

汽车销售人员：“您太太在什么地方上班啊？”

（顺着客户的话题，自然而然地询问客户家人的工作情况）

客户：“她在 ×× 大厦上班，离这里比较远。”

范例 3

汽车销售人员：“吕女士，为了节省您的宝贵时间，争取用最短的时间为您找到合适的车型，我向您请教几个问题可以吗？”

（单刀直入提出问题，并礼貌地征求客户的同意）

客户：“可以啊，你随便问。”

汽车销售人员：“请问您这次买车是自己开吗？”

（询问客户的购车动机）

客户：“不是的，是我、我先生和我们家孩子三个人。”

汽车销售人员：“嗯，那您选一辆五座的中型家轿比较合适。”

（根据客户的需求情况，推荐相应的车型）

客户：“嗯，是得选一辆五座的，不然坐起来太挤了。”

汽车销售人员：“吕女士，您看这款怎么样？”

客户：“嗯，看上去还不错，今天能试驾吗？”

汽车销售人员：“吕女士，很抱歉，试驾得预约。正好我们下周有一次大型的试驾体验活动，您不妨留个联系方式，我给您安排一下，到时候您选几款感兴趣的车型，好好试驾一番。”

（通过试驾预约的方法，留下客户的联系方式）

客户：“行，我的电话是……”

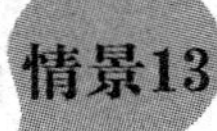

想了解客户对市场的了解程度

情景描述

汽车销售人员想了解一下客户对市场的了解程度，以便接下来可以有的放矢地向客户推荐和介绍。

错误应对

1.“听得出来，您好像对汽车不太懂行吧？”

（这种问法有戳穿客户的嫌疑，即便汽车销售人员从客户的话语中听出客户不懂行，也不能当面戳破，否则很容易伤害客户的自尊和面子）

2.“您来我们这里之前，去其他车行看过不少车了吧？”

（这种询问方式有拆穿客户的味道，客户听了可能会很反感，回答时也会很敷衍，不肯透露自己的真实想法）

3.“您都听说过哪些汽车品牌？对我们的品牌有多少了解？”

（这种询问方式太直接、太生硬，容易引起客户的戒备心）

情景解析

汽车销售人员在向客户推介汽车之前，有必要先了解一下客户对市场的了解程度，即客户对汽车行业的行情了解多少，然后再针对客户的实际情况采取相应的推介和销售策略。

那么，汽车销售人员该如何探询客户对市场的了解程度呢？汽车销售人员可以试探性地探询客户以下几种问题：客户对汽车品牌有多少了解？来这里之前都考察过哪些车行或4S店？在众多品牌和车型中比较倾向于哪一个？等等，通过这些问题的探询，汽车销售人员不但能掌握客户对汽车市场及自身需求的认知程度，而且能迅速找到竞争对手，清晰地认识到客户的需求。

汽车销售人员还可以通过认真观察客户的言行举止，判断他们是否“内行”，是否懂车，例如，客户在看到喜欢的车后，直接要求汽车销售人员打开车门或发动机盖及后备厢盖，看汽车的配置，或者能熟练地询问汽车的各项指标，并能准确地说出一些专业术语，这样的客户通常比较内行；客户先留意展厅内的视频、宣传资料和配置单，或者即使能问一两个专业问题，神情上也很不自然，通常说明客户比较外行。

另外，汽车销售人员还要注意，有些客户因为担心被汽车销售人员糊弄和“忽悠”，即便自己对汽车不太懂行，也会假装出很内行的样子，以震慑汽车销售人员。在这种情况下，即便汽车销售人员从客户的言行举止中看出了破绽，也不要当面戳破，否则会让客户很没面子，下不来台，大大降低客户的购买热情。

范例 1

汽车销售人员：“温先生，按照您刚才说的要求，价位在 20 万元左右，排量 1.8L 的中型车，市面上起码有几十款，请问您有比较看好的品牌吗？”

（询问客户对汽车品牌的了解程度）

客户：“我比较喜欢日系车，像 A 品牌、B 品牌、C 品牌，当然，你们的品牌也不错。”

（通过客户的回答，可以判定客户比较内行，并且由此可以锁定竞争对手）

汽车销售人员：“温先生，冒昧地问一下，您为什么这么中意日系车呢？”

（挖掘客户的关注点）

客户：“日系车油耗低，设计人性化，比如它的车内空间感，虽然车的轴距不占优势，但车内空间却很大，很舒适。”

汽车销售人员：“温先生，您真是个懂车的行家啊，三言两语就把日系车的特点全概括了。您对日系车这么了解，以前一定开过吧？”

（探询客户的用车经历）

客户：“没有，我只是上周去了一家日系 A 品牌的 4S 店，试过他们的一款 SUV。”

（客户说出目标车型）

汽车销售人员：“您说的那款 SUV，应该是今年新上市的，听说挺不错的，不知道您感觉如何啊？”

（探询客户对竞争品牌的感受）

客户：“性能和配置倒是不错，就是油耗有点高，价钱也比较贵。”

汽车销售人员：“温先生，其实我们车行也有几款 SUV 能够和 A 品牌的

SUV相媲美，比如这款，外观和性能方面跟A品牌的非常相似，不同的是，这款车车身比较轻，油耗要比A品牌的SUV低得多。相信您试过之后，一定能体验出来……”

（向客户介绍自家品牌优于竞争品牌的卖点，并引导客户试驾）

范例2

客户：“你们这款车和A品牌的××款车好像差不多啊。”

汽车销售人员：“温先生，听您这么说，您对汽车品牌很了解啊，尤其是A品牌，您以前是不是用过他们的车？”

（询问客户对汽车品牌的了解程度）

客户：“哦，没有，我只是前几天去过一次他们的4S店，试过他们那款车。”

汽车销售人员：“A品牌的车挺不错啊，无论是外观还是性能，都相当不错。对了，您试驾的感觉如何？”

（通过询问客户的试驾体验，发掘客户的需求点）

客户：“他们的车外观确实不错，发动机的动力也很强劲，美中不足，就是车内空间有点小，我们一家三口坐进去，显得很拥挤，不舒服。”

汽车销售人员：“原来是这样啊。温先生，我们有一款主打居家的车型，内部空间不仅大，而且非常灵活，不管是前排储物空间还是后备厢的灵活性，都领先于同级别的车型，尤其是后排座椅，可以提供多种组合方式，方便您放下不同大小长短的物品。来，您看，就是这款，您可以先坐到驾驶座上，试一试它的空间舒适度……”

（根据客户的需求，向客户介绍汽车的优点，并引导客户试乘体验）

情景14 想了解客户想选购什么样的车型

情景描述

客户在展厅内转了好几圈，但就是不说自己想要什么车型。

错误应对

1.“先生您好，请问您想买什么车型？我帮您介绍一下。”

（“买”字属于敏感字眼，而且客户看车并不见得有明确的购买需求，所以汽车销售人员这么问，容易给客户带来心理压力）

2.“先生您好，我们的家用轿车在里边，我带您过去看看吧！”

（在没有了解客户的购买需求之前，汽车销售人员千万不要主观臆断，更不要盲目地向客户推介，一旦推介不符合客户的需求，很容易引起客户的反感）

3.“先生，您好像对这款SUV很感兴趣，我给您介绍一下吧。”

（这种说法有点主观臆断，很多客户看车不见得就是感兴趣，可能只是感觉新奇，汽车销售人员迫不及待地介绍会给客户造成很大的压力，甚至将客户吓跑）

情景解析

通常情况下，当客户走进汽车展厅后，汽车销售人员不可能将展厅里所有的车型都一一向客户推介一遍，这样不但浪费双方的时间和精力，大量的信息和专业术语还会令客户“听而生畏”，从而失去看车、选车的兴趣。因此，客户进入展厅后，汽车销售人员首先要搞清楚客户想买什么车型，然后引导客户到目标区域，再根据客户的其他购买标准和要求向其推荐适合的汽车。

对于刚进展厅的客户，汽车销售人员应及时、热情、礼貌地询问其是否有明确的车型需求。如果有，就将客户引领到指定的区域；如果客户没有明确的车型目标，或者对车型知之甚少，汽车销售人员可以向客户介绍一下展厅的车型摆放情况，然后给客户自由浏览、选择的空间。

在客户浏览的过程中，汽车销售人员可以观察一下客户在哪种车型前停留的时间较长，看得较仔细，以此判断客户感兴趣的车型。待客户浏览结束后，汽车销售人员可以向客户提几个简单而关键的需求挖掘问题，帮客户缩小选择的范围，让客户明确其自身的需求。这种方式不但能帮助客户梳理其需求，而且能加大客户的参与力度，体现汽车销售人员对客户的尊重。比如：“先生，非常感谢您光临我们车行！为了能给您提供更优质、更有针对性的服务，我们真诚地希望您能跟我们分享一下对下面这个问题的看法：您希望了解的车型是（微型车、小型车、紧凑型车、中型车、中大型、MPV、SUV 等）？”

另外，有些客户进入汽车展厅可能只是抱着休闲、消遣的态度来逛的，在逛的过程中，他们也有可能发现自己感兴趣的车。汽车销售人员在询问客户对车型的需求时，语气一定要委婉，态度一定要热情、有礼，不要给客户太大的压力。

范例 1

汽车销售人员：“先生，您好，欢迎光临 ×× 车行，请问您有没有比较看好的车型呢？我给您介绍一下，也方便您挑选，好吗？”

（热情、礼貌、委婉地询问客户想购买的车型）

客户：“还没想好呢。”

汽车销售人员：“看得出来，您是一位做事严谨、消费理性的人，选车就应该像您这样多考察、多比较。您看，我们展厅有几十款车，如果我一一给您介绍一遍，肯定会耽误您宝贵的时间。为了能给您提供更优质、更有针对性的服务，同时帮您找到中意的车型，我们真诚地希望您能跟我们分享一下对下面这个问题的看法。”

客户：“好。”

汽车销售人员：“您希望了解的车型是微型车、小型车、紧凑型车、中型车、中大型车，还是 MPV 或者 SUV？”

（向客户提几个简单而关键的需求挖掘问题，同时引导客户了解相应车型）

客户：“SUV。”

汽车销售人员：“SUV 我们车行有六七款，咱们可以一起去看看……”

范例 2

汽车销售人员：“先生，刚才我注意到，您有十多分钟都在留意这款 SUV，其他车型您只大略看了几眼。冒昧地问一下，您觉得这款 SUV 怎么样？”

（通过观察判断客户感兴趣的车型，并探询客户对该款车型的看法）

客户：“这款 SUV 外观很霸气，就是不知道动力性能和安全性能怎么样？”

汽车销售人员：“在动力方面，这款车……在安全性方面，这款车……先生，您不妨坐进去体验一下，或者我帮您安排一下试驾，它的动力性能和安全性能您就能亲身体验了。”

（向客户介绍汽车的优点，并引导客户试乘试驾体验）

想了解客户购车的主要用途

情景描述

客户在展厅内来回浏览，时不时地伸手摸一摸某款车的车身。

错误应对

1.“先生，请问您想看什么车？”

（这种询问方式过于泛泛，尤其是“什么”二字，容易让客户摸不着头脑）

2.“先生，这款 SUV 最近卖得不错，您要不要试一下？”

（卖得好不等于适合客户的需求，这种盲目推介的方式，很可能得到客户的否定回答）

3.“先生，您买车主要是为了做什么呢？”

（客户买车当然是为了开，这种询问方式很不专业，客户会觉得你多此一问）

情景解析

汽车销售人员在向客户推荐车型前，有必要先了解一下客户购车的用途，只有掌握了这一点，才能有针对性地向客户推荐相应的车型，并重点介绍这些车型的优点和卖点。

但是，想了解客户购车的用途并非易事，因为有的客户愿意跟汽车销售人员交流这方面的信息，有的客户不愿意透露自己的真实想法。因此，汽车销售人员要学会通过循循善诱的方式，挖掘客户的有效信息。在销售实践中，汽车销售人员可以采用列举询问法挖掘客户购车的用途，即先列举一些具体的购车用途，然后询问客户属于哪一种。

在掌握了客户购车的用途后，汽车销售人员要根据客户购车的不同用途，有针对性地向客户推介相应车型的优点和卖点。比如：客户购车主要是为了出行代步，如上下班代步，汽车销售人员就要重点介绍汽车的性价比、节能省油、驾控方便等；客户购车主要是为了家庭需要，如接送老人、孩子、孕妇，休闲度假，走亲访友等，汽车销售人员就要将汽车的安全性、空间舒适度等作为推介的重点；客户购车主要是用于商务往来，如接送客户、商务洽谈等，汽车销售人员就要重点介绍汽车的品牌、外观、安全性、舒适度等；客户购车主要是为了更新换代或精神追求，如为了彰显身份地位或满足自己的爱车嗜好而购车，汽车销售人员就要将汽车的品牌、知名度、性能等作为推介的重点。

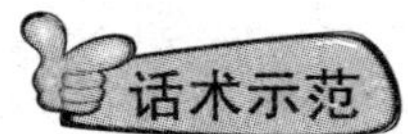

范例 1

汽车销售人员：“刘先生，请问您买车的主要用途是什么？”

（探询客户购车的用途）

客户：“主要是上下班使用，我住的地方距离单位比较远，公交车和地铁也不是很方便，所以打算买辆车。”

汽车销售人员：“您这么年轻就有能力购买私家车了，真是让人羡慕啊。请问您有没有看好的车型呢？”

客户：“还没有。”

汽车销售人员：“如果您只是为了上下班方便，而且对动力性能要求不是很高的话，我建议您看一看 1.6L 排量的车型，这类车型经济实用、性价比高、节能省油……”

（根据客户购车的用途，有针对性地介绍车的优点和卖点）

范例 2

汽车销售人员：“刘先生，为了节省您的时间，我想请教一下您买车的主要用途是什么？”

（探询客户购车的用途）

客户："用途？当然是买来开啊！"

汽车销售人员："刘先生，不好意思，我可能问得有些唐突了。是这样的，您看，我们展厅有各种配置、各种型号的车，每款车都有它们不同的用途，比如，这款车适用于商务往来，如接送客户、商务洽谈等，那款车适合家庭需要，如接送老人、孩子，休闲度假等，那边那款适合出行代步，如上下班代步……我想了解一下，您买车主要是为了哪种用途，我也好为您推荐最合适的车型。"

（向客户列举一些具体的购车用途，然后询问客户属于哪一种）

客户："哦，我买车主要是为了接送孩子，偶尔外出度假也想用一下。"

汽车销售人员："这样的话，那您可以看看这一款，它的安全性和空间舒适度都很棒，而且外观也很时尚，特别适合您这样的年轻家庭使用，开出去有里有面……"

（根据客户购车的用途，有针对性地介绍车的优点和卖点）

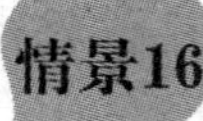

情景16 想了解客户选车重点、关注哪些因素

情景描述

客户走进展厅后，时而在各款汽车间来回浏览，时而停在某款车前沉思。

✕ 错误应对

1. "先生，请问您买车最看重什么因素，品牌、外观、性能、配置还是价格？"

（这种询问方式太过突兀，客户正在全神贯注地挑选和比较，所以很可能对汽车销售人员的提问一时反应不过来）

2.“我们这几款车都挺不错的，您喜欢哪款可以告诉我，我给您详细介绍一下。”

（这种介绍方式过于简单、机械，不但无法了解客户选购汽车重点关注哪些因素，而且丝毫勾不起客户的购买兴趣）

3.“您都来来回回地看了半天了，到底想买什么车啊？”

（这种说法隐含着不耐烦的情绪，对客户缺乏礼貌和尊重，容易引起客户的不满）

情景解析

不同的客户在选购汽车时，关注点是不一样的。比如有的客户比较看重品牌，有的客户对外观比较讲究，有的客户比较看重汽车的质量，还有的客户因为经济条件的关系，比较看重汽车的价格等。

汽车销售人员在为客户推荐汽车前，一定要先摸清楚客户买车重点考虑哪些因素，是品牌、外观、性能、配置、舒适度、安全性、售后服务还是性价比（价格）？各因素间的权重比例又如何？然后再有针对性地向客户推荐和介绍，这样才能满足客户的心理需求，提高推介的效率和销售的成功率。

不过有时候，有的客户很可能对自己的需求情况只有一个模糊的认识，或者还没有认真思考过这方面的问题，这时候汽车销售人员不仅要帮客户理清他已经意识到的需求，更要引导客户去认识他尚未意识到的需求。比如，可以探询一下客户买车的用途、使用人数等，从中提炼出客户买车的关注重点，然后再根据客户的关注重点进行有针对性的推介。

范例 1

汽车销售人员：“先生，您可真有眼光啊，您看中的这几款车都挺不错的，您是不是都很喜欢，不知道该选哪款了？您能否告诉我，您平时开车更注重哪些因素呢，是品牌、性能、外观、安全性、舒适度还是性价比？”

（先夸赞客户有眼光，消除客户的戒备心理，然后用列举法询问客户选购汽车的重点考虑因素）

客户：“我比较看重性能和安全性。”

汽车销售人员：“嗯，这两点的确是最重要的两个因素，很多客户都和您一样，把性能和安全性放在第一位。我觉得有两款车型比较适合您的需求……”

（赞美客户，然后根据客户重点关注的因素，引导客户了解相应的车型）

范例 2

汽车销售人员：“先生，请问您选车时重点考虑哪些因素呢？”

（询问客户选购汽车的重点考虑因素）

客户：“这个……我还真说不好。”

汽车销售人员：“先生，要想选一款好车，下面几个因素是必须要考虑的：动力性、安全性、舒适性、驾控性、美观性、经济性、性价比和售后服务。您能告诉我，您买车主要是做什么用吗？”

（通过询问客户买车的用途，提炼客户买车的关注重点）

客户：“主要用来接送孩子。”

汽车销售人员：“那我觉得安全性和舒适性是您第一要考虑的因素，因为车子直接关系到您和孩子的人身安全和乘车感受。”

（帮客户梳理买车的关注重点）

客户：“嗯。”

汽车销售人员：“先生，我们有几款车安全性和舒适度都非常不错！其中有一款车型装备了六位一体的安全系统，能全方位为您和家人保驾护航。来，您不妨体验一下这款车……”

（根据客户的关注重点进行有针对性的推介，并引导客户试乘试驾体验）

情景17 想了解客户的购车预算是多少

情景描述

客户停在一款家用轿车前，一边仔细观看一边小声嘀咕：“这车看着不错，就是不知道价格怎么样。”

错误应对

1.“请问您打算买什么价位的车？是经济型还是豪华型？”

（“买”是一个敏感字眼，会给客户造成心理压力，而且这种询问方式过于直接，很难让客户作答）

2.“先生，那边有些车型只要6万多元，您要不要过去看看？”

（这种说法隐含着看不起客户的味道，认为客户只能买低价车，会伤害客户的自尊心）

3.“您看哪款车符合您的价位需求，我给您介绍一下。”

（这种表达方式对客户缺乏尊重，会让客户觉得不爽：难道只有符合我价位需求的车你才给介绍，其他的就不给介绍了吗）

4.“您现在看的这款车售价在40万元以上，很贵哦！”

（这种说法有看不起客户、怀疑客户经济实力的味道，客户听了心里会很不爽）

情景解析

购买预算是客户购买决策中一个非常重要的因素。因为经济条件和使用需求不同，每个客户在选购汽车时，都会有一个大致的心理预算。汽车销售人员要想成功把车卖给客户，就要向客户推荐尽量符合其心理预算的车，否则成交的概率就会大打折扣（高于客户的心理预算，有可能超出客户的支付能力；低于客户的心理预算，客户可能对车的质量、配置、性能等产生怀疑）。因此，汽车销售人员在向客户推荐汽车前，有必要先了解一下客户的心理预算。

但是，对于大多数客户来说，心理预算是一个比较敏感的话题，因为客户觉得，一旦暴露了自己的心理预算，就会失去价格上的主动权和讨价还价的余地，还有一些经济条件有限的客户，担心报出心理预算后会觉得寒酸、没面子。出于这些微妙心理，汽车销售人员最好不要一上来就问客户想买什么价位的车，而应该先化解客户的顾虑，让客户认识到：只有明确了预算，才能节约双方的时间，尽快为其找到理想的车型，同时也才能避免出现“有钱买车，无钱养车”的尴尬后果。

汽车销售人员还可以利用旁敲侧击的方式来探询客户的心理预算，比如通过询问客户对汽车品牌和性能有无特殊要求、买车的用途是什么等，来揣测客户的心理预算。如果客户对汽车的品牌、质量、性能等要求较高，汽车销售人员就向客户推介中高价位的车型；如果要求不高，就向客户推介中低价位的车型。在向客户推荐不同价位的车型时，汽车销售人员要认真观察客户的反应，从而判断客户的心理预算。

另外，汽车销售人员还可以利用其他客户的购车案例，尤其是失败的购车经历，来勾起客户的兴趣，引发客户的认同感和共鸣，为探询客户的心理预算做准备。例如，汽车销售人员可以对客户说：“我有个客户上个月加价买了一款 ×× 品牌的车，可是买完他就后悔了……”“上个月有一位客户和您一样，也很喜欢这款车，但是我认为这款车不适合他，于是向他推荐了另一款，结果他非常满意……”

话术示范

范例 1

汽车销售人员：“先生，由于我们车行的车型比较多，为了节省您的时间，我想请教一下，您想选什么价位的车呢？”

（先化解客户的顾虑，然后探询客户的心理预算）

客户：“什么价位？你是怕我买不起你们的车吗？”

汽车销售人员：“先生，您误会了，进门就是我们的贵客，为您提供最优质的服务是我的职责。我是担心您时间宝贵，如果把所有车型都向您介绍一遍，会浪费您的时间。如果知道您的预算，我就可以有针对性地为您推荐几款，这样可以节省您很多时间。”

（向客户解释，明确预算能为其节约时间，尽快为其找到理想的车型）

客户：“嗯，我想看看20万元以上的车，一定要有档次，因为我是买来结婚用的。”

汽车销售人员：“结婚用啊，那得要档次高一点的，这样才显得有面子。”

（通过客户的回答可知，客户对汽车品质要求较高，所以接下来要向客户推介中高价位的车）

客户：“嗯。”

汽车销售人员：“先生，您过来看看，这几款车外观时尚、大气，性能和配置也非常棒……”

（向客户介绍相匹配的车型）

范例2

汽车销售人员：“先生，我们车行的车型比较多，如果一一为您介绍，肯定会耽误您宝贵的时间。不知道您这次选车，有没有什么特殊要求呢？”

（通过询问客户对汽车有无特殊要求，探询客户的心理预算）

客户：“没什么特殊要求，便宜就行，太贵的车我买不起呀！”

（从客户的回答可以判断，客户的经济实力一般）

汽车销售人员：“嗯，您说的很对，咱老百姓买车只是图一个实用，又不是为了炫富。一款十来万的车，一家三口用，既实用又实惠。您说对吧？”

（迎合客户的心理，并主动提出一个大概价位，看是否符合客户的心理预算）

客户：“就是嘛！”

（从客户的回答可以看出，汽车销售人员所提出的价位符合客户的心理

预算）

汽车销售人员："根据您说的要求，我们车行正好有几款车型比较适合您，我带您过去看看。"

（向客户推荐相匹配的车型）

范例3

汽车销售人员："先生，我们车行的车型比较多，为了节省您的时间，我想请教一下，您想选什么价位的车呢？"

（先化解客户的顾虑，然后探询客户的心理预算）

客户："我先看看再说。"

汽车销售人员："先生，上个月有一位李先生买了一款××品牌的车，可是他买完就后悔了。"

（在客户看车的过程中，用其他客户失败的购车经历勾起客户的兴趣）

客户："后悔了？××品牌的车不错啊，为什么后悔啊？"

汽车销售人员："因为他本来想买一辆国产车，上下班开着方便就行，但是他朋友却说国产车安全性没保障，不如多花点钱，买一辆合资的，不仅安全性能有保障，开出去也有面子，于是他咬牙花光了手里所有的积蓄，买下了一款××品牌的车。现在问题来了，车是买了，但是养车的钱却没有着落，您说他能不后悔吗？"

（向客户详细介绍其他客户失败的购车经历和教训，为接下来询问心理预算做铺垫）

客户："嗯，的确有点盲目消费了。"

汽车销售人员："是啊，所以我现在给客户推荐车，都会先问问他们的预算，这样客户才能既买得起，又养得起，买着开心，开着舒心。您说是吧？"

客户："嗯，有道理。"

汽车销售人员："那请问您想选一款什么价位的？我帮您推荐一下。"

（询问客户的心理预算）

想了解客户是不是购车的决策者

情景描述

客户来看车，汽车销售人员经过跟客户的交流，很难判断他是不是购车的决策者。

错误应对

1.“先生，车的售价不便宜，您自己能做主吗？”

（这种询问方式太直接、生硬，似乎有看不起客户的意思，容易引起客户的反感）

2.“先生，买车这么大的事情，您一个人能做决定吗？”

（这种询问方式暗含着对客户的不尊重，客户会认为你看不起他，觉得他做不了主）

3.“先生，买车的事情是由您全权负责吧？”

（这种说法容易得到客户的否定回答，因为客户由于种种顾忌，即便自己能做主，也会推托说自己做不了主）

情景解析

买车需要一笔巨额的开支，因此大部分家庭对买车都持十分谨慎的态度，需要查阅各方面的资料，征求各方面的意见。因此，当客户只身一人前来看车时，汽车销售人员有必要了解一下前来看车的客户有无购买的决策权，并设法探究谁才是真正的购买决策权人，以便找准主攻对象，提高销售的成功率。当然，即便前来看车的客户没有购买决策权，汽车销售人员也要给予其充分的重视和尊重，因为他的意见很可能影响着决策权人的购买行为。

汽车销售人员要想了解前来看车的客户是否具有购买决策权，可以通过观察客户的言行举止来揣测，也可以通过询问的方式来获取。不过，在询问时需要注意，为了不让客户产生戒备心理，同时不伤害客户的自尊心，最好根据客户性格的不同，采取不同的询问方式。

如果客户性格比较随和，容易相处，双方的沟通氛围也比较融洽，汽车销售人员可以采取直接询问的方式，比如："先生，选车这件事是由您自己来做主，对吗？""先生，如果您今天看到了满意的车型，买车的事您自己做决定就可以吧？"如果汽车销售人员对客户的性格把握不准，或者双方的沟通不是很融洽，汽车销售人员最好采取迂回婉转的方式来旁敲侧击，比如："先生，买车这件事您要不要跟家人商量一下？""先生，买车是一件大事，您如果看中了某款车，还需不需要参考一下家里人的意见？""您今天一个人过来看车，看来买车的事是由您全权负责了吧？"

如果客户表示需要和家人商量一下，那么汽车销售人员可以邀请客户带着家人一起来看车，这样能在很大程度上加速客户的购买进程；如果客户表示自己没有决策权，那么汽车销售人员要注意挖掘一下决策权人的相关信息，如职业、购车用途、购车预算等，以便在决策权人前来看车时能进行有针对性的介绍。

范例 1

汽车销售人员："先生，看您这么开明，关于买车的事情，应该还要参考一下家人的意见吧？"

（通过迂回婉转的方式，试探客户有无购买决策权）

客户："买车是件大事，当然要参考家人的意见了。再说，买了车也不是我一个人用，我老婆、孩子也会经常坐车，所以我肯定要征求一下他们的意见！"

汽车销售人员：“先生，您这么为老婆和孩子着想，真是一位体贴的好老公、好爸爸！我看要不这样吧，您今天先选几款您比较中意的车型，等周末时您带爱人和孩子一起过来试驾，您觉得怎么样？”

（赞美客户，然后邀约客户带着家人一起来看车、试车，以便加速客户的购买进程）

客户：“行，那我先看看车，等会儿看好了，你帮我安排一下试驾的事情。”

范例 2

汽车销售人员：“先生，您怎么没带家人一起过来呢，也好让他们给您做个参谋呀。”

（通过迂回婉转的方式，试探客户有无购买决策权）

客户：“嗨！我老婆对车一窍不通，而且对开车也没什么兴趣，临来时她跟我说，只要坐着舒服、安全就行。”

汽车销售人员：“嗯，看来您爱人对您很信任啊，把买车这么大的事情交由您全权负责了。”

（通过赞美赢得客户好感）

客户：“呵呵。”

汽车销售人员：“除了坐着舒服、安全，您爱人对车还有其他什么要求吗？”

（了解客户家人的其他购买需求）

客户：“哦，她希望……”

范例 3

汽车销售人员：“先生，看得出来您对这款车挺感兴趣的，要不我给您安排一下试驾的手续？”

（通过迂回婉转的方式，试探客户有无购买决策权）

客户：“不着急，我得先问问我们老板什么时候有空。”

汽车销售人员：“问您老板？难道不是您自己要买车吗？”

客户：“不是，我是替我们老板来看车的，他现在在外地，我先过来帮他看看、选选，等他回来再由他自己决定。”

汽车销售人员：“原来是这样啊，看来您老板非常信任您，买车这么大的事情都让您负责。对了，您老板是从事什么行业的？他买车主要做什么用？”

（挖掘决策权人的相关信息）

客户："他是做外贸生意的，买车主要是用于商务往来。"

汽车销售人员："哦，那您可真有眼光，您看中的这款车，不仅外观时尚、内部宽敞，而且性能十分卓越……对了，您老板打算选什么价位的车呢？"

（赞美客户有眼光，然后引导客户透露决策权人的预算信息）

想了解客户打算什么时候买车

情景描述

客户到车行看车，汽车销售人员想了解客户打算什么时候买车，是有近期购买的计划，还是看中马上就买。

错误应对

1. "您打算今天看好以后立刻就买下来吗？"

（这种询问方式显得有些急功近利，容易引起客户的警惕和反感心理）

2. "您准备什么时候买车？"

（这种问法过于直白，没有任何技巧性，而且有打听客户隐私之嫌，容易引起客户的警惕）

3. "您今天有购车的打算吗？还是只是先看看？"

（这种询问方式对客户缺乏礼貌和尊重，其潜台词是：如果客户打算今天买，我就好好接待一下；如果客户只是先看一看，我就不费时费力地接待了）

情景解析

购买汽车是一种大宗消费，动辄十几万元、几十万元，因此大部分客户在选购汽车时，都会十分慎重，往往需要经过长达数月甚至更长的时间来考察、比较和权衡，以便能做出正确的购买决策，使自己购买到称心如意的汽车。这就意味着，光临汽车销售展厅的客户是有区别的：有的客户进入展厅纯粹是为了了解汽车，为将来的购买做考察、分析；有的客户是已有近期购买计划，进入展厅是为了做购买前的比较；还有的客户已经做足了前期的考察、分析、比较等工作，进入展厅就是为了买车。汽车销售人员要想取得销售的成功，就要了解清楚客户目前正处于哪个阶段，以便调整自己的工作进度和策略。

汽车销售人员要想了解客户目前正处于哪个阶段，应该根据与客户沟通的难易程度采取不同的方法：如果客户比较随和，沟通比较轻松、顺畅，汽车销售人员可以采取直接询问的方式，并向客户阐明询问的理由；如果客户比较难缠，沟通比较困难、费力，汽车销售人员则要采取察言观色、旁敲侧击的方式来探询，比如通过客户的某些问题挖掘他们购车的时间计划，例如，当客户提出“这款车有现货吗”“这款车需要等多长时间能提车”“这款车近期有什么优惠活动吗”等问题时，说明他们近期有购买计划。

范例 1

汽车销售人员：“霍先生，恕我冒昧，请问您大概什么时候需要用车呢？”

（通过直接询问的方式，探询客户购车的时间）

客户：“你问这个干吗？你是想让我今天就买吗？”

汽车销售人员：“霍先生，您不要误会，我不是这个意思。是这样的，这款车是今年新推出的车型，订的人非常多，交了订金后不能马上提车，最快也要等上一周才能提车。上个月有位王先生也看中了这款车，准备五一假期带着家人出去旅游，可是他事先没有告诉我们他五一要用车，结果他带着钱来提车时，我们店里根本没有现车，耽误了他的旅游安排。所以这次我要吸取教训，提前跟您打听清楚，您近期是不是有用车的打算？”

（向客户阐明询问的理由）

范例 2

客户：“这款车需要等多长时间能提车？”

汽车销售人员：“霍先生，您是不是近期有提车的打算？”

（通过客户的问题挖掘他们购车的时间计划）

客户：“你问这个干吗？难道你们没有现货？”

汽车销售人员：“霍先生，您别误会。是这样的，这款车因为是今年的新款车，外观和性能赢得了大批年轻人的青睐，预订的人非常多，现在我们只有三辆库存，下一批车要等到一周以后才能到货。如果您着急用车的话，最好先订下来，以免被其他客户抢先提了车。”

（向客户阐明询问的理由）

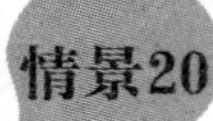

客户说“我只是先看看，不着急买”

情景描述

客户听完汽车销售人员的推介后，似乎购买的欲望并不是很强烈：“我今天只是先看看，暂时不着急买。”

错误应对

1. “这款车现在搞活动，售价才 9 万元，您今天不买，恐怕以后这个价钱就买不到了。”

（这种以价格要挟客户的说法，不足以提升客户的购买需求）

2.“先生，现在大部分人都有私家车，而您只能挤地铁坐公交，或者拼车打车，不方便不说，在朋友面前也没面子啊。”

（这种说法有失分寸，会触及客户的伤疤和忌讳，引起客户的不满和反感）

3.“既然您不着急买，那就等等再说吧。”

（这种说法不仅没有从正面激发客户的购买需求，而且有向客户下逐客令的味道，容易导致客户的流失）

4.“那您先随便看看，我去招呼一下其他客人。”

（这是一种目光短浅的表现——一听客户说不买，立刻对客户冷淡下来，这样会损害自己和车行在客户心目中的形象，甚至导致客户的流失）

情景解析

通常情况下，很少有客户第一次到车行看车就立刻付款提车的。即便客户心里对某款车有一定的需求和购买欲望，但是出于以下几种情况，仍然会表现出购买欲望不强的倾向：尚不清楚或尚未发掘自己的具体需求；虽然对汽车销售人员推介的汽车还算满意，但仍想多方考察、比较权衡一番。

无论客户是出于上述何种原因提出“不着急购买”，汽车销售人员都要设法对客户的需求进行升温和升级，让客户在紧迫的需求推动下以更大的热情来了解意向车型，以更快的速度做出最终决策，否则客户的兴趣和欲望就会很快熄灭。那么，汽车销售人员该如何升温客户的购买需求呢？

探询原因

首先，汽车销售人员要探询客户现在不想购买的真正原因所在，以便接下来采取针对性的措施引导客户的购买，比如：“先生，请问您为什么现在不着急买呢？是不是还有什么顾虑？”

找出需求

在探明客户不想现在购买的原因后，汽车销售人员接下来要设法了解客户目前的状况，即客户目前是否有车、对现有车是否满意等。通常情况下，客户的购车行为都是源于对现实的不满。因此，汽车销售人员要善于从客户的感慨或抱怨中挖掘出客户的不满，进而挖掘出其需求。这个需求就是客户最大的“软肋”，只要汽车销售人员紧紧扣住客户的需求，就能有力地将客户“控制”住。

放大痛苦

客户的购买欲望和购买行为，通常都是源于对现有状况的不满，并且希望能尽快改变这种现状。也就是说，现有状况是客户心头的一块“伤疤”，只要一触及这块“伤疤”，客户就会非常痛苦。因此，汽车销售人员在听到客户对现有状况发出不满和牢骚时，不妨趁机“添油加醋”一番，将客户不购车所可能产生的问题和后果放大，令客户感到焦虑、痛苦，从而刺激客户做出购买决策。

扩大利益

在放大客户的痛苦后，汽车销售人员要趁热打铁，生动形象地向客户阐明现在购车的利益和好处——不仅能消除客户对现状的不满，扫除客户的痛苦，还能让客户拥有更舒适、更称心如意的出行代步工具和更高品质的生活。为了增强吸引力和说服力，汽车销售人员还可以为客户描绘一下购买新车后的美好生活情境，让客户向往不已。

升温需求

接着，汽车销售人员要趁机向客户暗施压力，向客户介绍自家汽车的优势和卖点，比如外观时尚、性能好、现在有优惠等，促使客户下决心购买。客户听了这些以后，心中自然会多出几分紧迫感和压力感。在这种情况下，汽车销售人员再向客户抛出适合的车型，往往能大大提升客户的购买欲望。

后续跟踪

汽车销售人员经过一番努力后，如果依然无法让客户做出购买决定，那么也不要轻易放弃客户，而应该留下客户的联系方式，以便做好后续的跟踪。比如：“没关系，先生，您的情况我非常理解，要不这样吧，我把我的电话留给您，您有什么问题和需要可以随时联系我。对了，您方便留下您的联系方式吗？”

话术示范

范例1

客户：“我今天只是先看看，暂时不着急买。”

汽车销售人员：“先生，请问您为什么暂时不着急买呢？是不是还有什么顾虑？”

（探询客户现在不想买的原因所在）

客户：“其实也没什么，就是觉得不用急在这一时。”

汽车销售人员：“先生，您看，我和您年纪差不多，可您现在已经有实力买车了，不像我，上下班还得挤公交。”

（从现状出发，循循善诱）

客户：“我也是没办法，我家距离工作单位太远，每天要坐地铁再换两趟公交才能到，每天花在路上的时间就得四个多小时，早餐和晚餐都没点，胃病越来越严重，唉！”

（客户开始抱怨和感慨）

汽车销售人员：“谁说不是呢。我跟您的情况差不多，在北京这样的城市生活，距离工作单位远，不但要起早贪黑，连正常的吃饭睡觉都难以保证，身体状况差也是难免的，有时候想想，真的很无奈啊！”

（紧扣现状，用同理心放大客户的痛苦）

客户：“是啊。”

汽车销售人员：“先生，以后您就不用有这种困扰了。买一辆属于您自己的车，不但能缩短您上下班在路上的时间，而且不用再忍受公交地铁的拥挤了，下班回到家还能好好做一顿可口的饭菜，周末的时候还可以开着车去郊外看看风景，放松一下紧绷的神经，多好啊！”

（抓住客户需求，阐明买车的利益和好处，并为客户描绘购买新车后的美好生活情境）

范例2

客户：“我今天只是先看看，暂时不着急买。”

汽车销售人员：“先生，请问您为什么暂时不着急买呢？是不是还有什么顾虑？”

（探询客户现在不想买的原因所在）

客户："我现在还有一辆旧车可以凑合着开。"

汽车销售人员："先生，这么说您是对您的旧车不太满意，所以想换一辆新的，是吗？"

（确认客户的需求）

客户："是的，我那辆旧车空间太小，而且发动机也老化了，开着很费力！"

汽车销售人员："先生，您的感受我非常理解。不瞒您说，我现在开的也是一辆旧车，虽然能凑合着开，但是经常出现各种各样的毛病，比如油耗增加、发动机怠速不稳、排气管冒黑烟、发动机噪声增大、制动系统反应迟缓等，虽然都算不上什么大故障，但不修开着闹心，修吧，又不想一次又一次地花那冤枉钱！"

（紧扣现状，用同理心放大客户的痛苦）

客户："是啊，我现在也面临这样的情况。唉，这种感觉真让人窝火！"

汽车销售人员："先生，您现在总算快熬出来了，只要把新车买下来，就不用再面临这样的闹心事了。您看咱们刚才看的这款车，是我们公司自主设计研发的一款车型，既传承了中国工匠精神及生产工艺，又融汇了消费者的审美需求。它的前脸巧妙运用了横向延伸的造型元素，极大地增强了整车的横向气势。而且这是一款高配车型，侧气囊、天窗、打孔座椅、倒车雷达、蓝牙系统，带MP3功能的豪华影音系统全都配备。这样的配置作为一款实用的家轿来说，显得非常难能可贵。"

（抓住客户需求，阐明买车的利益和好处，同时介绍汽车的卖点）

客户："嗯。"

汽车销售人员："您要是今天就订下来，我找店长帮您申请一个优惠价。"

（用申请优惠升温客户的购买需求）

客户："不用了，谢谢，我还是再等等吧。"

汽车销售人员："没关系，先生，您的情况我非常理解，要不这样吧，我把我的电话留给您，您有什么问题和需要可以随时联系我。对了，您方便留下您的联系方式吗？"

（留下客户的联系方式，以便进行后续的跟踪）

第三章

紧扣需求做推介
——产品推介情景训练

汽车销售人员最重要、最基本的功课，就是将符合客户需求的汽车推荐、介绍给客户，让客户成功购买，这个过程就是汽车推介。汽车推介是最能刺激客户采取实质性购买行为的关键环节。在这个过程中，汽车销售人员不仨要把最符合客户需求、最能激发客户购买欲望的汽车卖点介绍给客户，还要引导客户进行看、触等体验，并启发客户发现汽车的优点和价值，促进客户做出购买决策。

客户说“你们有哪些车型卖得好啊？帮我推荐一下”

情景描述

客户进入展厅转了一圈后，向汽车销售人员问道：“你们有哪些车型卖得好啊？帮我推荐一下。”

错误应对

1. “这款车是我们卖得最好的，我可以帮您安排试驾。”

（这种说法完全被客户牵着鼻子走了，卖得好的，不见得真符合客户的需求，所以汽车销售人员应该先设法了解客户的需求，再进行推介和试驾引导）

2. “这个我也说不好，关键看您自己喜欢什么车型了。”

（客户之所以这么问，说明他没有明确的购买目标或看花了眼，需要汽车销售人员给自己提供一些意见参考，如果汽车销售人员无法给他一些意见或建议，他很可能会因无所适从而放弃购买）

情景解析

客户在选购汽车的过程中，之所以会要求汽车销售人员帮自己推荐，可能是因为客户没有明确的购买目标，也可能是因为面对各式各样、形形色色的车型，一下子看花了眼。

对于这样的客户，汽车销售人员不要急于向他们推荐和介绍，而应该先对客户的需求情况做一个明确的界定，力争让自己的推介有的放矢。具体来说，汽车销售人员可以通过顾问式的提问梳理客户的思路和消费需求，比如询问客户“大概的预算是多少”“喜欢什么样的外形和颜色”“平时几个人用，主要用来做什么”等；也可以探询客户有没有特别看中的款，以尽量缩小推荐的范围。

待基本摸清客户的消费需求后，汽车销售人员再根据客户的实际需求，向客户进行相应的推荐和介绍，并且说出相应的推荐理由，比如：“按照您刚才的描述，我觉得这款车可能比较适合您，因为它……”

最后，汽车销售人员别忘了把最终的决策权交还给客户，因为客户才是汽车的购买者和使用者。比如：“当然，这些只是我个人的建议，关键还得看您自己的喜好和需要，您不妨考虑一下再做决定。”

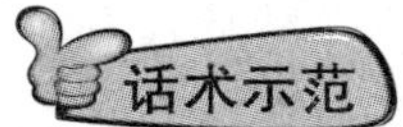

范例 1

客户：“你们有哪些车型卖得比较好啊？帮我推荐一下。”

汽车销售人员：“先生，请问您的购买预算大概是多少？”

（通过询问预算帮客户梳理消费需求）

客户：“15 万元以下吧。”

汽车销售人员：“请问您买车平时主要做什么用？”

（通过询问用途帮客户梳理消费需求）

客户：“做什么用？为了出行方便呗。”

汽车销售人员：“那您这辆车平时都有谁乘坐呢？”

（通过询问使用人数帮客户梳理消费需求）

客户：“我、我老婆还有我女儿三个人。”

汽车销售人员：“那请问您喜欢什么颜色的呢？”

（通过询问颜色帮客户梳理消费需求）

客户：“最好是深色的。”

汽车销售人员：“先生，按照您刚才的描述，我觉得这款车可能比较适合您，它性价比非常高……当然，这些只是我个人的建议，关键还得看您自己的喜好和需要，您不妨考虑一下再做决定。”

（根据客户的需求进行推介，并给出相应的理由，最后把决策权交还给客户）

范例 2

客户：“你们有哪些车型卖得比较好啊？帮我推荐一下。”

汽车销售人员：“先生，请问您在刚才所看的车里面，有没有特别看中的几款呢？”

（探询客户是否有特别看中的款，以缩小推荐的范围）

客户：“我觉得那边那几款还可以。”

汽车销售人员：“请问您买车打算几个人用呢？”

（通过顾问式提问帮客户梳理消费需求）

客户：“我、我父母、我老婆还有我儿子五个人。”

汽车销售人员：“先生，根据您刚才描述的情况，我建议您从这几款里面选择，因为您家人比较多，这几款属于七座多功能家轿，不仅能给您和家人带来超大空间体验，而且安全性和舒适度都是轿车级的。当然，这只是我个人的建议，关键还得看您自己的喜好和需要，您不妨考虑一下再做决定。”

（根据客户的需求进行推介，并给出相应的理由，最后把决策权交还给客户）

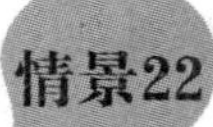

汽车销售人员在进行汽车卖点的介绍时，不知该如何调动客户的兴趣点

情景描述

汽车销售人员在进行汽车卖点的介绍时，不知道该如何调动客户的兴趣

点，激发客户的购买欲望。

错误应对

1. 一次性抛出一堆卖点。

（这种做法会让客户应接不暇，使客户对汽车留不下深刻印象，正确的做法是根据客户的需求进行有针对性的介绍，并充分阐述每个卖点对客户的利益和好处）

2. 自顾自地介绍，根本不注意客户的反应。

（这种自说自话的做法不但无法及时了解客户的想法、留意客户反馈的信息，而且会让客户觉得乏味，听不进你的介绍）

3. 空洞讲述汽车的卖点。

（这种空洞的平铺直叙根本无法激发客户的兴趣，正确的做法是把卖点尽量说得具体一些、生动形象一些）

4. 故意夸大汽车的卖点。

（这种做法是对客户不负责任的表现，也是汽车销售人员缺乏职业道德的体现，一旦汽车销售人员所夸大的卖点不存在，而客户又信了，很容易危害客户的人身安全，甚至酿成更为严重的后果）

情景解析

客户选购汽车时，肯定会到多家车行参观考察，听多个汽车销售人员进行推荐和介绍，因此，他们对汽车销售人员千篇一律的语言介绍，难免会觉得乏味，无法提起兴趣。那么，汽车销售人员怎样向客户介绍汽车的卖点，才能最大限度地激发客户的兴趣呢？

首先，汽车销售人员要明白，人们对独一无二的东西总是有着强烈的兴趣和拥有欲望，因此，汽车销售人员要想引发客户的兴趣和购买欲望，就要告诉客户汽车有什么独特的卖点和价值。

其次，汽车销售人员还要注意，客户购车并不是因为车本身，而是因为这款车能解决他的某些问题，能满足他的某种需求，给他带来某种利益和好处，换句话说，客户表面上购买的是汽车，实质上购买的是汽车背后的利益和好处。因此，汽车销售人员在向客户介绍汽车的卖点时，必须将这个卖点与客户的需求点和利益点联系起来，向客户阐释卖点背后的价值和利益，即从客户的实际问题出发，帮助客户在推荐的车型上寻找问题的解决之道，这样不但贴合客户的心理，而且更容易打动客户，最大限度地激发客户的兴趣和购买欲望。

再次，汽车销售人员要明白，客户购买汽车，最终关注的是使用的感觉和体验。因此，汽车销售人员在向客户介绍汽车的利益和好处时，最好的方法就是运用“情景描述法”，即通过生动、形象的语言描述，引导客户去想象汽车使用时的具体情境，让客户真切、深刻地体会到购买汽车后给他未来生活带来的好处，唤起他们的拥有欲。例如：“试想一下，如果能在周末驾上这款爱车，带上妻子和孩子去海边度假，在碧海蓝天中，一家人共享自由惬意的生活……”

范例 1

汽车销售人员：“范先生，现在车的品牌五花八门，良莠不齐，要找一款十全十美的车，几乎是不可能的，但您肯定还是希望能买一款质量可靠、尽量没什么缺陷的车，对吧？”

客户：“那当然。”

汽车销售人员：“您现在看的这款车，是咱们国家唯一一个连续入选 ×× 的车。”

（向客户介绍汽车独一无二的卖点和优势）

客户：“是吗？”

汽车销售人员：“这款车之所以能连续入选 ××，是因为它有几个独特之处……范先生，您坐到驾驶座上，我为您介绍一下车内的配置……”

（继续向客户介绍汽车的独特之处，并引导客户进行试乘体验）

客户：“嗯。”

汽车销售人员："范先生，怎么样？驾驶室的空间足够大吧，这样您开车才会觉得舒适，空间太小不但会觉得憋闷，而且容易引起驾驶疲劳，影响行车安全。"

（向客户阐释汽车卖点背后的利益和价值）

客户："嗯。"

汽车销售人员："范先生，您将驾驶座的座椅向后调一下，然后打开音响，您平时喜欢听什么歌呢？"

客户："摇滚，最爱听beyond的。"

汽车销售人员："好的。您想象一下，周末的时候，您把您的座驾开到郊外，像现在这样自由舒适地靠在座椅上，听着beyond的歌，欣赏着郊外的风光，您工作上的压力顿时一扫而光，多惬意啊！"

（运用"情景描述法"介绍汽车的利益和好处）

范例2

汽车销售人员："范先生，现在车的品牌五花八门，良莠不齐，要找一款十全十美的车，几乎是不可能的，但您肯定还是希望能买一款质量可靠、尽量没什么缺陷的车，对吧？"

客户："那当然。"

汽车销售人员："范先生，请问您买车主要做什么？是自己上下班代步，还是为了接送家人方便？"

（询问客户买车的用途，为接下来的推介做准备）

客户："哦，我主要是为了方便接送孩子。"

汽车销售人员："哦，那您选车，应该将安全性放在首位，毕竟孩子比较活泼好动，行驶途中的安全非常重要。"

客户："可不是嘛。"

汽车销售人员："很多孩子喜欢攀爬车窗，有些孩子因为不小心碰到车窗上升按钮，常常被玻璃夹伤。您看这款车，采用的是电动防夹车窗，可以有效避免孩子发生夹伤事故。来，我给您演示一下……"

（向客户介绍汽车的独特卖点，以及卖点背后的利益和价值）

客户："嗯，这个设计不错。"

汽车销售人员："而且，这款车的车身采用了……，可以说在同类车型中安全系数是非常高的，能最大限度地保护您和孩子的安全。"

（继续向客户介绍汽车的卖点，以及卖点背后的利益和价值）

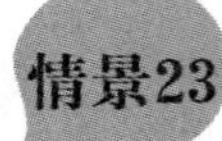

情景23 汽车销售人员在向客户介绍汽车时，客户显得心不在焉

情景描述

汽车销售人员在向客户介绍汽车时，客户显得心不在焉，只是偶尔敷衍几句。

错误应对

1. 对客户的反应不管不顾，继续按自己的思路介绍。

（这种自说自话的做法，不但无法及时了解客户的想法，而且会让客户觉得乏味，甚至使客户单方面关闭沟通的渠道）

2. 既然客户没兴趣听，索性停止介绍。

（这是一种消极做法，汽车销售人员应该先了解一下客户心不在焉的原因，然后再设法让自己的介绍激发客户的兴趣）

情景解析

汽车销售人员在向客户介绍汽车时，偶尔会碰到客户心不在焉的情况。客户之所以会出现这种情况，可能是因为汽车销售人员所介绍的不是他最关心的，或者客户不太习惯汽车销售人员的沟通方式。当然，也有可能是客户的个人原因造成的，比如他只是来逛逛，暂时没有购买的打算，或者突然有事着急离开等。所以，汽车销售人员一定要懂得察言观色，及时调整自己的沟通节奏和策略。

面对客户的心不在焉，汽车销售人员首先要暂停介绍，然后探询一下客户心不在焉的原因，比如："先生，刚才我把这款车向您做了一个简单介绍，您看是否符合您的要求？"如果客户表示不感兴趣，汽车销售人员就要设法了解清楚客户的购买需求，比如："先生，不好意思，看来我没有完全理解您的需求，那么请问一下，您喜欢什么车型呢？"然后客户需要什么就介绍什么，客户关注什么就介绍什么，例如，客户买车是为了结婚用，那么汽车销售人员就要把汽车的大气、美观、时尚作为介绍的重点；客户买车是为了代步出行，汽车销售人员就要把汽车的节能省油、驾控方便、安全性和舒适度作为介绍的重点。只有确保自己的介绍符合客户的需求，才能最大限度地激发客户的兴趣和欲望。

其次，汽车销售人员要分析一下向客户推介的汽车有什么独特优势，它能给客户带来哪些利益和好处。因为对客户来说，他表面上购买的是汽车，实质上购买的是汽车的利益和好处，只有明白了汽车能带给自己什么利益和好处，客户才有可能对其产生购买意向。

汽车销售人员在向客户介绍汽车的利益和好处时，最好采用"情景描述法"，即通过生动、形象的语言描述，将客户带入未来的生活情景中，让客户真切、深刻地体会到购买汽车后给他未来生活带来的诸多好处。需要注意的是，在运用"情景描述法"时，不能只顾着滔滔不绝地向客户介绍，而应该通过适时发问让客户参与到介绍中来，因为只有不断地和客户互动，让客户多说多讲，汽车销售人员才能更好地了解客户的想法，引导客户的思维。

如果客户表现出紧张、着急的神情，汽车销售人员不妨问一下客户是否有什么要紧的事要办，如果客户真的有事，汽车销售人员要及时结束介绍，然后留下客户的联系方式，以便对客户进行跟踪。

范例 1

汽车销售人员：“先生，刚才我把这款车向您做了一个简单的介绍，您看是否符合您的要求？”

（暂停介绍，探询客户心不在焉的原因）

客户：“好像不太合适。”

汽车销售人员：“先生，那我想冒昧地问一下，您原来开的什么车？感觉如何？”

（询问客户原有车的使用状况，以便挖掘客户的购买需求）

客户：“我原来开的是一辆两厢小型轿车，车轴距只有 2 米多，我嫌它太小了，一家三口坐上显得很拥挤。”

汽车销售人员：“原来是这样啊，先生，您看这几款车，是专门为现在的三口之家打造的，车内空间非常宽敞，轴距都大于 2.8 米，发动机动力也非常强劲。到时候您和家人出去旅行度假，不仅坐着舒适，而且可以带很多旅行必备物品，多舒心啊！”

（根据客户的需求，运用“情景描述法”介绍汽车的独特优势和好处）

范例 2

汽车销售人员：“先生，刚才我把这款车向您做了一个简单的介绍，您看是否符合您的要求？”

（暂停介绍，然后探询客户心不在焉的原因）

客户：“好像不太合适。”

汽车销售人员：“先生，那我想冒昧地问一下，您原来开的什么车？感觉如何？”

（询问客户原有汽车的使用状况，为下面的推荐和介绍做准备）

客户：“我原来开的是一辆国产 ×× 牌汽车，外观还可以，就是发动机不行，刚开了 3 年多，发动机明显不如从前了，而且非常耗油，开着很费劲。”

汽车销售人员："哦，原来如此，怪不得您要换呢。像您这样讲究生活品位的男士，的确应该选一款性能好点的汽车。您看这款车，发动机非常给力，采用的是 ×× 2.0L 汽油机，属于 2017 年度十佳发动机之一，它最大的优点是发动机压缩比高，这也就意味着发动机功率高、转矩大、油耗低，让您的爱车在动力和节油方面远超其他车型，您再看它的车身和内饰……这样的车开出去，不仅您开着爽，您的家人也拥有一个舒适的私人空间，多棒啊！"

（根据客户的需求，运用"情景描述法"介绍汽车的独特优势和好处）

客户："嗯，还行。"

（客户的应答显得非常简单，同时脸上表现出着急的神情）

汽车销售人员："先生，我看您好像挺着急的，是不是有什么要紧的事要办啊？"

客户："哦，我有点急事要回家一趟。"

汽车销售人员："那您留一下您的联系方式，赶紧去办事要紧。等您忙完再过来。"

（留下客户的联系方式，以便对客户进行跟踪）

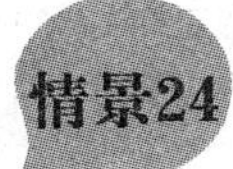

客户说"这款车不怎么样，我不太喜欢"

情景描述

汽车销售人员向客户推介了一款车，客户摇摇头说："这款车不怎么样，我不太喜欢。"

✕ 错误应对

1.“这车多好啊，您为啥不喜欢呢？”

（这种说法有讽刺客户“好赖不分”的味道，不但难以化解客户的异议，而且可能引发客户的不满）

2.“那咱们再看看其他车型吧，我们各种款式和配置的车都有，一定能找到一款让您满意的。”

（汽车销售人员应该先了解客户异议背后的需求点，以便进行有针对性的推介，否则推荐再多的车型，也只能是徒劳无功）

3.“既然您不喜欢，那就算了。”

（这是一种消极应对方式，没有对客户的异议做任何应对就放弃了，必然导致销售的失败）

情景解析

当汽车销售人员向客户介绍完某款汽车，询问客户的感受时，很多客户会脱口而出“不怎么样”。遇到这种情况时，汽车销售人员先不要急着去回应或解答，而应该先了解一下客户提出这种异议的真实原因，比如：“我是头一次遇到您这么专业的客户，您能跟我说说您对这款车的哪些方面不太满意吗？这对我们以后的产品改进有很大的帮助。”然后再想办法应对客户的异议。因为在与汽车销售人员沟通时，客户出于某些利益方面的考虑，很可能不愿吐露其真实的想法和意见，有时候甚至会提出一个假异议来搪塞汽车销售人员。如果汽车销售人员不挖掘出客户的真实异议是什么，而只是根据客户口头上的异议来处理，那不仅消除不了客户的异议，而且可能导致客户的流失。

范例 1

汽车销售人员：“贾先生，您觉得这款车怎么样？”

客户：“不怎么样，我不是很满意。”

汽车销售人员："贾先生，我是第一次遇到您这么专业的客户，您能说说您对这款车的哪些方面不太满意吗？"

（了解客户提出异议的真实原因）

客户："我觉得车的底盘有点低，开车上下坡时，容易出现刮底的情况，遇到下雨，路面有较深的积水时，排气管容易进水。"

汽车销售人员："贾先生，请恕我直言，其实这些问题您不用担心，因为这些问题在实际驾驶过程中是完全可以避免的。比如开车上下坡时，如果怕出现刮底的情况，可以让同车的人下车，以减轻车的载重量，升高离地面的间隙，并尽量从侧面切入坡道，一个轮一个轮地上下坡，这样就不会刮底了；下雨路上有积水时，先估计一下水深，只要水深不超过30厘米，正常通过是绝对没问题的，驶入水中时，油门保持适当的力度，靠踩抬离合来控制车速，挡位选择在1挡、2挡，尽量别在水中松油门换挡，一般情况下都能安全通过，过水以后，在宽敞、干燥的路面紧踩几脚刹车，排出刹车里的水，就可以继续安全行驶了。"

（根据客户说出的原因化解客户的异议）

客户："哦。"

汽车销售人员："而且底盘低有个很大的好处，就是能够增加车体向下的压力，提高车的抓地性能，在高速行驶时不会感到发飘，在高速转弯时也不会发生侧翻。"

（将客户的异议点转化为汽车的优点，以提高客户对汽车的满意度）

范例2

汽车销售人员："贾先生，您觉得这款车怎么样？"

客户："不怎么样，我不太喜欢。"

汽车销售人员："请问您对车的哪些方面不太满意呢？能跟我具体说说吗？"

（了解客户提出异议的真实原因）

客户："上星期我去××车行看过一款类似的车，价钱比它便宜不少呢。"

汽车销售人员："嗯，××车行的确有几款车的价钱比我们低。不过他们的车以中低档私家车为主，而我们的车主要面向的是像您这样的高端人士，不管是性能、配置还是外观，都是高水准的。”

（先对客户的观点表示认同，然后介绍自己与竞争品牌的异同点）

客户：“我买车主要是为了上下班方便，轻便、省油就行，不需要太高的配置和太时尚的外观。”

汽车销售人员：“哦，原来如此。您说的这种车我们这里也有，只不过不是我们的主打产品，请您跟我来……您看，就是这几款，它们的排量都在1.0至1.6之间，百公里耗油量在7升左右，都是深受大众消费者喜爱的车型。价格也比较实惠，从8万元到15万元不等，非常符合您的需求。”

（根据客户的真实需求，推介相匹配的车型）

情景25 客户听汽车销售人员介绍了几款车后，不置可否

情景描述

汽车销售人员热情洋溢地向客户介绍了几款车后，客户没有表态，不知是满意还是不满意。

✕ 错误应对

1. “我刚才给您介绍的这几款车怎么样啊？您满不满意好歹说句话嘛！”

（客户听完介绍不置可否，通常有两种可能：一是对你介绍的汽车不感兴趣；二是心里正在盘算和犹豫哪款更合适。而这种说法有催促客户尽快做决定的嫌疑，容易欲速则不达）

2. “如果您不满意，咱们可以再看看其他车型。”

（在没有了解到客户的需求点之前，就盲目向客户推介，很难引起客户的兴趣）

3. “给您介绍了这么多，您难道就没有一款中意的吗？”

（这种说法隐含着对客户的不满，容易得到客户的否定性回答）

4. “我刚才的介绍您是不是没有听明白啊？那我再给您介绍一遍吧……”

（这种自说自话的做法很难取得预期的推介效果，因为销售是一种互动式的沟通，汽车销售人员应该先设法了解客户的需求，以激发客户的兴趣和积极性）

情景解析

对汽车销售人员来说，最头疼的不是客户听完介绍后对车不满意，而是客户不言不语、不露心迹，他们对汽车销售人员介绍的车持什么态度、对什么样的车感兴趣、不满意之处在哪里，汽车销售人员都很难把握。在这种情况下，如果汽车销售人员不设法摸清客户的真实想法和态度，销售工作将很难进行下去。

那么，汽车销售人员怎样才能让客户道出自己的真实心声呢？

用设问引导客户想法

遇到什么也不说的客户，最常用的办法就是通过设置问题，引导客户说出真实的想法。例如：“您听完介绍后什么也没说，一定有原因，我能问一下是什么原因吗？”“这几款车哪些方面能满足您的要求，哪些方面还不能使您满意，能谈谈您的看法吗？”

用赞美挖掘客户信息

人都喜欢被赞美，汽车销售人员在了解客户的真实想法和态度时，不妨多给客户一些赞美，多给客户戴戴高帽，客户一高兴，就很容易把自己的想法说出来了。例如：“先生，我干这行时间还不长，资历浅、经验少。而您远远近近的汽车肯定看了不少，很多问题我觉得您看得比我还专业，您能跟我聊聊您对这几款车的看法吗？也好让我长长经验。”

用刺激试探客户反应

很多客户之所以不露心迹，在很大程度上是因为缺少外界刺激，如果有其他买家出现，或者汽车销售人员推介了更好的汽车，那么他们往往会暴露出自己的真实意向。因此，当汽车销售人员拿不准客户是什么态度时，不妨给客户一点刺激，比如告诉客户有其他客户也看中了某款车，并且不日就要来提车，或者向客户再推荐其他汽车，以试探客户的反应。

用幽默捅破客户担忧

有些客户之所以不愿说出自己的想法和态度，很可能是因为顾及汽车销售人员的感受，怕伤了汽车销售人员的面子，或者担心说出实话来会影响双方的关系。在这种情况下，汽车销售人员不妨主动一点，直率一点，幽默一点，捅破客户的顾虑和担心。只要顾虑不在了，客户自然会把心里话说出来。例如："先生，我知道，您之所以不愿说出对这几款车的看法，是顾及我的感受，怕伤了我的面子。其实您根本不用有这种顾虑和担心，我们做销售的，每天都跟客户打交道，心理素质早就锻炼得刀枪不入啦！我真的很想听听您的真实想法，您就直说吧，没关系的。"

用诚心换取客户真言

其实，技巧再高明，赞美再动听，也比不上一颗诚挚的心。如果汽车销售人员能够敞开心胸，跟客户推心置腹地说上几句实心话，客户也不好意思不吐露真心实话。例如："先生，给您介绍完以后，您还一句话都没说呢。跟您说实话，我这心里跟装了只兔子似的，七上八下的。我真的很想听听您的真实想法，如果您对这几款车不满意，那也没关系，我可以再帮您推荐其他车型。"

范例 1

汽车销售人员："先生，您觉得这款车怎么样？"

客户："呃……"

（客户对汽车销售人员的问话不置可否）

汽车销售人员："先生，看得出来您对这款车还算满意，但您似乎还有点犹豫，我能问一下是什么原因吗？"

（通过设问引导客户说出真实想法）

客户："我觉得这款车的外形和性能都还不错，但是我前两天在××车行曾看到跟这款车差不多的一款车，我正在考虑哪一款更合适。"

汽车销售人员："您的想法我非常理解，买车毕竟是一件大事，慎重一点是应该的。那您能说说这款车哪些方面还不能令您满意吗？"

（先对客户表示理解和肯定，然后引导客户说出对汽车的看法）

客户："我觉得……"

范例2

汽车销售人员："先生，我刚才给您介绍的这款车，您觉得怎么样？"

客户："呃……"

（客户对汽车销售人员的问话不置可否）

汽车销售人员："先生，我干这行时间还不长，资历浅、经验少。而您远远近近的汽车肯定看了不少，很多问题我觉得您看得比我还专业，您能跟我聊聊您对这款车的看法吗？也好让我长长经验。"

（通过赞美试探客户对汽车的感受）

客户："哪里，其实我也没看过多少车。"

汽车销售人员："先生，我听得出来，您看出了一些问题，只不过您顾及我的感受，所以不愿意告诉我。其实您大可以放心，我们每天要跟很多客户打交道，要是客户每看一款车都满意的话，那我们早就发财了！您说是不是？"

（用幽默捅破客户的顾虑和担忧）

客户："呵呵。"

汽车销售人员："所以呀，您要是觉得这款车哪里不满意，完全可以放心地告诉我。知道了您的意思，我也好为您推荐更合适的车型，您说是吧？"

（推心置腹，引导客户说出不满意之处）

客户："嗯，我觉得……"

情景26

客户说“你们卖车的都把自己的车说得天花乱坠，谁知道你们说的是真是假”

情景描述

客户听完汽车销售人员的介绍后，不以为然地说：“你们卖车的都把自己的车说得天花乱坠，谁知道你们说的是真是假！”

错误应对

1.“您怎么能这么说呢！别人我不敢保证，我可不会这样做。”

（这种说法有责怪客户的味道，同时有诋毁竞争对手的嫌疑，难以赢得客户的信任）

2.“既然您这么说，我也没办法。”

（这种说法表面看似很无奈，实际上有指责客户不可理喻的味道，会让客户感觉很没面子）

3.“我说的都是真的，我可不敢拿假话哄您。”

（这种说法有辩解的味道，而且没说出令客户信服的有力证据，难以赢得客户的信任）

情景解析

由于职业道德和商业诚信的缺失，有个别汽车销售人员为了自己的销售业绩，可能会连哄带骗地将一些本不适合客户的汽车推销给客户，事后又对客户的投诉采取敷衍塞责、推卸责任的态度，久而久之，就导致很多客户对汽车销售人员的推荐产生了不信任感。在这种情况下，汽车销售人员要想成功将汽车卖给客户，最重要的就是恢复客户对自己的信任感。

当客户对汽车销售人员的推荐提出质疑时，汽车销售人员首先要对客户的想法表示理解和认同，然后再真诚、委婉、将心比心地将自己的观点告诉客户，并尽量用事实说服客户，这些事实可以是车行的经营时间、规模、售后服务和信誉，也可以是汽车本身的质量、性能等卖点。

这就要求汽车销售人员在销售过程中有意识地积累一些可以证明汽车质量过硬的证据、资料等，以便有效地说服客户，比如：把一些有影响力的VIP客户整理成名册，如果有可能，最好与客户拍个合照，以备不时之需；向客户出示一些车行的相关证明，如荣誉证书、报纸报道、样车图库等；多记住几个老客户的姓名、购买的汽车品牌、车型，在客户有疑虑时用老客户作为说服案例等。这些都能在很大程度上增强客户的信任感。

当客户表现出动摇或认可的迹象时，汽车销售人员要及时抓住机会，积极引导客户试乘试驾。

范例 1

客户："你们卖车的，谁不说自己的车好呢！谁知道你们的话里有多大水分啊！"

汽车销售人员："先生，您有这种顾虑我非常理解，您说的这种情况确实在某种程度上存在。不过请您放心，我们车行已经在本市经营十来年了，您看，这是我们的荣誉证书，还有××报纸对我们的报道。我们车行的生意之所以能蒸蒸日上，主要是靠广大客户的信赖和支持。如果我们拿自己的商业诚信去冒险，随意忽悠客户、哄骗客户，那我们岂不是因小失大吗？"

（首先对客户的顾虑表示理解和认同，以消除客户的抵触心理，接着向客户强调车行的经营时间，展示所获得的荣誉、口碑报道，以打消客户的疑虑）

客户："呵呵，那倒是。"

汽车销售人员："所以，您在我们车行买车可以放一百二十个心，我也相信我们的可靠品质和优良服务一定能赢得您的信任。"

范例 2

客户："你们卖车的都把自己的车说得天花乱坠，谁知道你们说的是真是假！"

汽车销售人员："先生，您有这种担心我非常理解，很多客户包括我自己在内，都曾经有过像您一样的想法。不过话又说回来，在我们车行买车您完全不用有这种顾虑，一是我们的汽车在质量上绝对是有保障的，这一点您一会儿通过试驾就知道了；二是我作为汽车销售代表，在这个车行已经干了八年了，如果这儿的汽车产品和信誉不好，我早就到其他车行去了，又怎么会干到现在呢！您说是吧？"

（先对客户的顾虑表示理解和认同，然后用汽车的质量以及自己的工作经历消除客户的疑虑）

客户："嗯。"

汽车销售人员："先生，上个月有一位李 ×× 先生在我们这儿提了一辆七座商务车，他昨天给我打电话说，他有个朋友也看中了同一款车，这两天就要过来看车呢！当然，光我嘴上说好没用，车的质量和性能到底如何，还得您亲自试驾一下才知道。来，先生，我给您安排一下试驾的事情。"

（用老客户作为说服案例，增强客户的信任感，并引导客户进行试驾体验）

情景27

客户接连看了好几款车都不满意

情景描述

客户来买车，汽车销售人员询问了一下客户的需求情况，然后向客户推荐了几款跟其需求相当的，但是客户接连看了好几款都不满意。

错误应对

1.“您这辆也不满意，那辆也说不好，到底想要什么样的啊？”

（这种说法带着不耐烦的语气，对客户缺乏礼貌和尊重，容易引起客户的不满）

2.“这几款车卖得都挺好的，您为什么就不满意呢？”

（这种说法没站在客户的角度去想问题，卖得好的不一定是客户想要的。正确的做法是先深入了解客户的需求，然后把汽车的卖点跟客户的需求联系起来）

3.“那我再带您看看其他车型，您看有没有满意的。”

（这种做法很难取得理想的推介效果，正确的做法是先了解客户不满意的原因，然后再根据客户所需向客户推荐）

4.“您真够挑剔的，看了这么多款难道就没有一款合您的心意？”

（这种说法含有抱怨、责备客户的味道，会影响双方的进一步沟通，甚至引发客户的不满）

情景解析

客户在选购汽车的过程中，之所以会出现接连看了很多款都不满意的情况，主要有以下几种原因：客户缺乏对汽车知识的了解或初次购买缺乏经验；客户比较挑剔；客户为了显示自己很专业或获得最大限度的价格优惠，故意对汽车百般挑剔；客户有明确的购买需求，并且脑海里有一套理想的选购标准，而汽车销售人员所推介的汽车不符合其购买需求和选购标准；汽车销售人员的服务态度、推介技巧等引起了客户的抵触、反感心理。

不管出于上述何种原因，汽车销售人员都要做到“不急不恼、不卑不亢”，尽量保持平和、友好、愉悦的态度，主动、坦诚、耐心地与客户交流、沟通，询问客户不满意的原因，以及到底想选什么样的车，有时候甚至可以通过虚心请教的方式，了解客户真正的购买需求，然后为其推荐合适的车。

在这个过程中，汽车销售人员一定要热情、礼貌、耐心，因为客户本来就因为长时间找不到满意的车而心烦着呢，如果这时候汽车销售人员的话语或肢体语言里带有丝毫不礼貌或不耐烦的味道，比如变得不爱搭理客户、面无表情或面露不悦、把头扭向一边、话语明显减少等，都有可能引起客户的不满，导致销售的中断。

范例 1

汽车销售人员：“先生，真是不好意思，看了这么多都没找到您满意的车，冒昧地问一句，您能不能告诉我，刚才咱们看的那几款，您具体对哪些方面不太满意呢？”

（先对客户表示诚恳的歉意，然后询问客户不满意的原因，挖掘客户真正的购买需求）

客户：“我觉得这几款车有点小。”

汽车销售人员：“先生，其实车的大小单看外观是看不出来的，需要坐进去体验一下。来，先生，咱们先看看这款，您不妨坐进去体验一下。”

（引导客户进行试乘体验）

客户："嗯。"

汽车销售人员："怎么样，先生，坐进去之后，是不是感觉不一样了。这款车虽然是一款两厢车，但是它的前后排头部空间非常宽裕，前排头部空间达到了 1039 毫米，后排头部空间达到了 963 毫米，而它的轴距达到了 2871 毫米，腿部空间非常宽敞，能够有效避免长时间乘坐的疲劳感。而且这款车的内部空间设计非常人性化，您看，当座椅调到合适位置后，它的前排头部空间还能有一拳加一指的距离，后排头部空间还能有四指的距离，而后排腿部还能有两拳的距离，乘坐起来非常宽敞、舒适。"

（根据客户的需求情况，介绍汽车的优点和卖点）

范例 2

汽车销售人员："先生，您是一位讲究生活品质的人，像您这样的男士，一般的车肯定是看不上的。能否冒昧地问一句，您对刚才这几款车哪里不满意呢？"

（先对客户进行赞美，然后询问客户不满意的原因）

客户："我觉得这几款车外观都很一般。"

汽车销售人员："那您心目中理想的外观是怎样的呢？"

（挖掘客户真正的购买需求）

客户："高端、大气，看上去有气势、有品位的！"

汽车销售人员："嗯，您说的很对，男人嘛，选车就该以您说的这几点为标准。其实我们车行有几款挺符合您的要求的。来，先生，您这边请……您看这款车，外观运用了横向延伸的造型元素，极大地增强了整车的横向气势，整车车头曲面气势如虹，特别是它精致大气的格栅和晶莹剔透的前大灯，给人一种震撼的力量感。您再看它的侧面，和谐的车顶弧线加上简洁、动感的腰线，使得整车侧面看上去十分修长，既富有运动感，又透露着豪华大气。您再看它的尾部，流线型的造型设计让人眼前一亮，让整部车显得独特而有品位，尾灯的造型也非常有特色，轮廓鲜明，细节考究，给人一种新颖、锐利的审美感。"

（根据客户的需求，向客户推荐相应车型，并介绍车的优点和卖点）

情景28

客户带着家人来选车

情景描述

客户带着家人来选车，汽车销售人员知道这种情况成交率非常高，急忙上前接待。

错误应对

1. 把决策者作为重点介绍对象。

（如果决策者和车的使用者是同一个人，这种方法比较适用，但如果决策者和使用者不是同一个人，就不能只注重决策者的意见而忽略了使用者的意见）

2. 把出资者作为重点介绍对象。

（通常情况下，出资者都拥有决策权，但是有些情况，比如出资者买车是为了送给家人，这时候他们往往会根据使用者的意见来作决策）

3. 把使用者作为重点介绍对象。

（这种做法的前提是使用者拥有决策权，如果他没有决策权，还需要重点说服具有决策权的人）

情景解析

客户带家人一起来选车、购车，通常说明客户的购买意向比较强，成交率比较高，需要重点把控。但客户带的家人过多，又容易意见不统一，因此，汽车销售人员对这种情况比较难把控。

为了更好地掌控局面，汽车销售人员在向客户介绍汽车时，首先要搞清每一位成员在购车行为中所扮演的角色：使用者、决策者、出资者（这三者可能是同一个人，也可能是不同的人）和参谋，并判断每一个角色在购车决策中的分量。

汽车销售人员可以通过直接询问来判断，也可以通过察言观色来判断，当然，也可以有意识地提出一个讨论话题，引导客户参与到讨论中，从而辨别每个人的角色，以及他们的观点和态度。这个环节，最重要的是找出关键人物，即对购车活动起到主要推动和促成作用的客户。这个人可能是决策者，也可能是出资者，还可能是使用者。例如，夫妻二人来选车，可能先生没有很强的意向，但是女士非常喜欢某款车的外观和配置，那么，女士就可能成为关键人物。

在找到关键人物后，汽车销售人员在推介时，就要将其作为重点介绍对象了，不过在主攻关键人物的同时，对其他客户的意见与感受也要照顾到，不要让他们有被轻视、冷落的感觉，因为每一位家庭成员的意见都可能影响最终的购车决策。

当客户对同一款车出现意见分歧时，汽车销售人员要秉持“求同存异”的原则，积极引导有意见分歧的客户达成共识，锁定适合的车型，以便促成交易。

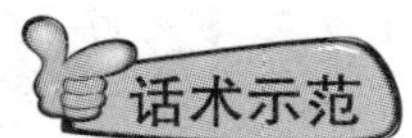

范例 1

（夫妻二人走进车行选车）

汽车销售人员：“两位好，欢迎光临 ×× 车行。请问两位，有看好的车型吗？”

（询问客户目标车型，以判断客户在购车活动中的角色）

男客户：“我们想看看今年新上市的 ×× 款汽车。”

汽车销售人员：“嗯，这款车在那边。两位，请跟我来。”

（引导客户到目标车型区域）

汽车销售人员："两位，这款车外观秀丽，比较适合女士开，我猜，应该是您开吧，姐？"

（探询车的使用者）

女客户："是的。"

男客户："没错，这次来就是为她买车的。"

（通过这句话，可以判断男客户是出资者）

汽车销售人员："嗯，那我给二位简单介绍一下这款车吧，这款车在配置方面非常不错，提供了ESP、17英寸轮圈、天窗、发动机启停功能等多项配置。而且它配备的是1.4T涡轮增压发动机，整体的动力和油耗表现非常好！这款车在空间和乘坐感受上也非常不错，很多客户对这款车都很满意。"

（向客户介绍汽车的卖点）

男客户："嗯，听着不错。"

汽车销售人员："姐，您先生觉得这款车不错，不知道您觉得怎么样？"

（询问使用者的意见，以示尊重）

女客户："我也觉得不错，就是价格有点贵了。"

汽车销售人员："姐，这款车正在做新品促销活动，可以打9折，下周就要恢复原价了，现在买非常划算！"

（通过新品促销说服客户）

女客户："打完折也要30多万元呢，我们的预算只有25万元，支付不起啊。"

汽车销售人员："这一点您不用担心，可以考虑按揭啊。现在年轻人买车都是这么做的。"

女客户："这个问题你得问我老公，是他掏钱。"

汽车销售人员："先生，您看这样可以吗？我帮您计算一下，做成5年按揭，看能不能解决二位的支付问题。"

（转向说服出资者兼决策者）

范例2

（夫妻二人走进车行选车）

汽车销售人员："两位好，欢迎光临××车行。请问两位，有看好的车型吗？"

（询问客户目标车型，以判断客户在购车活动中的角色）

男客户："我们想看看今年新上市的××款汽车。"

汽车销售人员："嗯，这款车在那边。两位，请跟我来。"

（引导客户到目标车型区域）

汽车销售人员："两位，这款车外观稳重、大气，比较适合商务男士开，我猜，应该是您开吧，哥？"

（探询车的使用者）

男客户："是的。"

汽车销售人员："嗯，那我给二位简单介绍一下这款车吧，这款车的优点是乘坐空间大、质量稳定、油耗低。不过它的动力总成有点保守，提速成绩也比较一般，百公里加速需用时13秒左右，适合一般的通勤代步。不知二位觉得怎么样？"

（向客户介绍汽车的卖点）

男客户："嗯……动力性有点差啊。"

女客户："我觉得挺好，既宽敞，又省油！"

（这句话表明女士是决策者）

汽车销售人员："姐，您真是一个会生活的人。很多客户在买第一辆车时，都想选一款性能好、配置高的，所以您先生的想法也是可以理解的。不过我觉得还是先稳重些好，毕竟没有最好的车，只有最适合的车。我想，先生现在这个年龄，事业正处于发展期，将来肯定还会第二次购车，到那时，可以再选择一款性能更好、配置更高的车。您说呢，先生？"

（对女士的意见表示赞同，同时照顾到先生的面子）

男客户："听她的，性能差点就差点吧。"

第四章

试乘试驾增体验

——引导客户试驾情景训练

通常情况下，客户对亲身体验过的商品会有更深刻的印象，汽车也不例外，客户试乘、试驾的感觉和体验在很大程度上影响着他们的购买决策。因此，汽车销售人员要积极引导客户进行试乘、试驾体验，并在试乘、试驾过程中启发客户发现汽车的优点和价值，以促进客户做出购买决策。

情景29 邀请客户试驾，遭到客户拒绝

情景描述

客户停在一款车前仔细观看，汽车销售人员为客户做了详细介绍后，邀请客户试驾，但是客户摇摇头说："算了，不用了！"

错误应对

1. "这款车是今年的新车型，喜欢的话就试驾一下吧。"

（这种表达方式平淡无奇，很多客户都听得麻木了，很难引起客户的试驾兴趣）

2. "如果您不喜欢这款车，我可以找一款您喜欢的试驾。"

（这种轻易放弃的做法很容易错失成交的机会，因为客户很可能对眼前的汽车很有兴趣，只是由于礼貌和不好意思才拒绝了试驾邀请）

3. "您不试就算了，有很多客户抢着让我们安排试驾呢。"

（这种说法含有抱怨客户的味道，容易引起客户的不满）

4. "您为什么不愿意试呢？又不用您付油钱，有什么好顾虑的呢？"

（这种说法有揶揄客户的味道，客户听了会很不舒服）

情景解析

试驾不仅能帮汽车销售人员筛选意向客户，而且能提升客户对汽车的好感，提高成交的概率。因此，汽车销售人员在把汽车的卖点介绍给客户听，把汽车的外观和内饰展示给客户看之后，要积极引导、鼓励、邀请客户试驾，让客户更进一步地体验汽车的性能与品质，最大限度地激发客户的购买欲望。

如果客户拒绝汽车销售人员的试驾邀请，汽车销售人员首先应该寻找原因，以消除客户的顾虑和担心。通常情况下，客户拒绝试驾有以下几种原因：汽车还没引起客户足够的兴趣；害怕试驾后不买没面子；担心试驾后不买会遭到汽车销售人员的纠缠；嫌试驾太麻烦；时间有限不方便试驾等等。

找出客户拒绝试驾的原因后，汽车销售人员要再次向客户强调汽车的卖点，并采用富有激情的邀请语言，积极邀请客户试驾，同时向客户传达“只有经过试驾才能知道车的优劣，才能挑选到适合自己的车”的理念，让客户认识到试驾的必要性。

为了缓解客户的压力，打消客户的顾虑，汽车销售人员不妨告诉客户“试车不一定非要买车”，鼓励客户试驾。在遇到客户的拒绝后，汽车销售人员不要轻言放弃，而应该事先想好再度邀请客户试驾的理由，并再次邀请客户试驾。

邀请客户试驾的方法有很多种，并不局限于“您试试吧”“喜欢就试试吧”这些简单、常规的邀请，向客户强调其他客户试驾的火爆与热情，以及试驾机会的难得，激发客户的从众心理，或者向客户描绘试驾的美妙感觉，都能收到很好的“邀请”效果，比如：“先生，这款车自从今年面市以来，几乎每天都有五六拨客户来试驾呢”“这款车跟您的气质很配，真想看看您坐在驾驶位的感觉”；在客户对试驾表现出犹豫不决时，汽车销售人员可以运用肢体动作来引导、鼓励客户。

需要注意的是，试驾邀请最好别超过三次，否则很容易让客户产生压力、不耐烦甚至反感情绪。当客户再三拒绝试驾邀请时，汽车销售人员应该通过真诚的探询来了解客户的真实需求，并重新为客户做推荐。

范例 1

汽车销售人员：“黄先生，您真有眼光！这款车不仅外观时尚，而且动力十足，2.0TSI 发动机，加上 6 速 DSG 双离合自动变速器，极限速度能达到 235 公里 / 小时……当然，光我嘴上说好不行，汽车是您开，您自己觉得好才是最重要的。来，我给您安排一下试驾的事情，咱们把车开出去感受一下。"

（赞美客户有眼光，然后向客户介绍汽车的优点，并引导客户试驾）

客户："算了，我只是先看看，不试了。"

汽车销售人员："俗话说'是骡子是马拉出来遛遛'，车到底好不好，检验的最好方法就是试驾。这款车最大的优势就是它一流的操控性，如果您不亲身体验一下，是无法感受到的。我现在就去给您安排一下试驾吧？"

（给客户一个试驾的理由，然后再次邀请客户试驾）

客户：（不置可否）

汽车销售人员："黄先生，这款车自从今年面市以来，几乎每天都有五六拨客户来试驾，您看我们的预约表，每天都排得满满当当的。您试完车后买不买真的没关系，千万不要因为怕浪费时间而做出错误的选择。来，我现在就为您安排试驾，请……"

（向客户强调其他客户试驾的火爆与热情，激发客户的从众心理，同时用"试驾后买不买没关系"打消客户的顾虑，并运用肢体动作再次引导、鼓励客户试驾）

范例 2

汽车销售人员："黄先生，您真有眼光！这款车是今年的新款，卖得非常火！这款车的车身采用了……高强度钢板，烤漆工艺也很讲究，来，您摸一下……"

（赞美客户有眼光，然后向客户介绍汽车的卖点，并引导客户进行触摸体验）

客户："嗯，感觉还不错。"

汽车销售人员："您要是能试驾一下，感觉会更好的。"

（引导客户试驾）

客户："算了，不用了。"

汽车销售人员："黄先生，汽车最光彩动人的时刻不是摆在展厅里，而是被主人驾驶着穿梭于车流中的那一刻，您不想体验一下这种快感吗？而且车的性能到底如何，只有试驾之后才能知道。试驾既能让您提前过过车瘾，又能让您详细了解这款车的性能，这样您买起来就更放心了。再说买车是一个反复挑选和相互比较的过程，您试过这款车，再去对比其他车型时，心里不就更有底了，你说是不是？”

（向客户描绘试驾的美妙感觉，同时为客户提供试驾的理由）

客户：“算了，我还是不试了。”

汽车销售人员：“黄先生，我是真的想为您服务好。请问是不是我刚才的介绍有什么问题，还是您根本不喜欢这款车？您不妨告诉我，这样也方便我为您推荐更合适的车型。”

（探询客户的真实需求，为再次推荐做准备）

客户不符合试驾条件，却想试驾

情景描述

客户看中了一款车，想试驾一下，他虽然会开车，但是没有驾照。

错误应对

1.“公司有规定，没有驾照是不能试驾的。”

（这种拒绝方式太生硬，给客户一种缺乏人情味的感觉，容易降低客户购车的积极性）

2.“您没有驾照，万一在路上出了事故或被交警逮住，谁负责啊！”

（这种说法不仅生硬，而且有责怪客户的味道，容易激起客户的反感情绪）

情景解析

在选车、购车的过程中，大部分客户都会进行试乘试驾体验，以测试汽车各方面的性能。但是，由于各种主客观因素，比如路况差、客户驾驶经验不足、驾驶技术不过关等，导致试驾往往存在一定的风险。为了最大限度地减少风险，汽车销售单位对客户试驾都会设置一定的条件，例如有无驾照、有几年驾龄、驾驶技术是否熟练等。如果不符合试驾条件，尤其是客户没有驾照或驾驶经验不足，一般是不允许试驾的。

但是，有些客户比较难缠，他们虽然不符合试驾条件，但是又想通过试驾体验一下车的性能。对于这类客户，汽车销售人员不能简单粗暴地拒绝他们的试驾要求，否则很容易激起他们的不满和反感，甚至导致客户的流失。正确的做法是：先对客户表示理解，积极营造融洽的沟通氛围，拉近与客户的距离，同时晓之以理，动之以情，耐心向客户解释不能试驾的原因。

如果客户执意试驾，并且购买意向非常强，汽车销售人员在可行的范围内，可以采取一些适当的变通方法，比如，让客户在车行内部的试车场地进行试驾体验，这样既让客户有了试驾体验的机会，同时又确保了客户行车的安全。

范例 1

汽车销售人员："刘先生，您想通过试驾体验一下车的各方面性能，这我非常理解。"

（先对客户表示理解，积极营造融洽的沟通氛围，拉近与客户的距离）

客户："既然理解，那为什么不让我试车？"

汽车销售人员："刘先生，是这样的，按照公司规定，没驾照是不能上路试驾的，这也是对客户的人身安全负责。一看您就是个通情达理的人，相信您肯定能理解这一点。”

（对客户晓之以理，动之以情，耐心解释不能试驾的原因）

客户：“我就在门前的路上开一圈。”

汽车销售人员：“刘先生，您看，门前这条路的车辆、行人非常多，即使是有多年驾龄的老手，在这样的路况上开车也要小心翼翼，生怕出点事故。我是我们车行驾龄最长的员工，您如果信得过我，就让我来做一回您的司机，我们去环线上遛一圈，您体验一下，好吗？”

（在可行的范围内采取适当的变通方法，让客户有体验的机会）

范例 2

汽车销售人员：“刘先生，您想通过试驾体验一下车的各方面性能，这我非常理解。”

（先对客户表示理解，积极营造融洽的沟通氛围，拉近与客户的距离）

客户：“既然理解，那为什么不让我试车？”

汽车销售人员：“刘先生，您到我们车行选车，说明您很信任我们，既然如此，我们就应该尽最大努力为您服务好。不让您试驾，不只是因为您没有驾照，更是为了保障您的人身安全。”

（对客户晓之以理，动之以情，向客户解释不能试驾的原因）

客户：“就去外面开一圈，不会出什么事的。”

汽车销售人员：“刘先生，我知道您很想体验一下这款车的性能，您看这样好不好，我们展厅外有个很大的场地，是我们车行内部的试车场，您可以去那里开几圈，怎么样？”

（在可行的范围内采取适当的变通方法，让客户有试驾体验的机会）

客户和朋友一起参与试驾

情景描述

客户看中了一款车，并打算邀请朋友一起试驾。

错误应对

1.“二位好，欢迎参与试驾活动！”

（这种开场白平淡无奇，而且没有主动结识客户的朋友，很难与客户的朋友快速建立融洽的关系）

2.“二位好，我是负责跟两位一起试驾的王××，二位叫我小王就行！”

（这种开场白过于简单、机械，很难给客户留下深刻印象）

3.“买车最关键的是自己喜欢，您可以和朋友一起试驾，但是买车的决定权最终在您手中，别光听您朋友的哦。”

（这种说法不仅会招致客户朋友的不满，而且会把客户推到朋友一边——就算客户真的喜欢试驾的车型，但为了给朋友面子，也会跟朋友站在同一阵线）

情景解析

汽车属于高价消费品，所以很多客户都很慎重，购买时常常带着懂行或值得信赖的朋友一起到车行考察、选购。尤其是在试驾时，客户更会邀请懂行的朋友一起参与。客户的朋友虽然不具有购买决策权，但是他的意见和建议会在很大程度上影响客户的购买决定，汽车销售人员千万不可忽视。

其实，客户的朋友既可以成为成交的推动力，也可以成为成交的阻力，关键看汽车销售人员怎样运用他们的力量。汽车销售人员要想最大限度地减少客户的朋友对成交产生的负面影响，充分发挥其对成交的积极作用，就要努力做好以下几点。

不要忽视客户的朋友

汽车销售人员在与客户初次接触时，对客户及其朋友要给予一视同仁的热情接待，杜绝出现眼中只有客户而忽视、怠慢客户的朋友，甚至将客户的朋友晾在一边的情况。

而且，汽车销售人员要主动要求客户为自己介绍其朋友，提前跟客户的朋友拉拢一下关系，以便与其建立友好、融洽的关系。在交流过程中，汽车销售人员要通过目光的转移，让客户的朋友感受到尊重；也可以通过赞美的方式，表示对客户朋友的认可，从而获得其好感。比如："您在汽车方面真是行家啊，怪不得您朋友要请您过来当参谋呢？"只要处理好与客户朋友的关系，就能大大降低其提出负面意见的概率。

征询客户朋友的意见

在试驾过程中，汽车销售人员要始终保持与客户朋友的沟通，尤其是在客户对车表现出兴趣和购买意向时，汽车销售人员要将该款车的卖点向客户的朋友进行强化，并征询客户朋友的意见，比如："您朋友特别喜欢这款车的 ××，您觉得怎么样？"因为汽车是最终的购买者——客户看中和喜欢的，此时客户的朋友提出负面意见的概率就会大大降低，因为那样等于是在否定客户的眼光，会让客户很没面子。

化解客户朋友的异议

当客户的朋友对客户选中的车提出异议时，汽车销售人员切不可意气用事，对其产生负面情绪，甚至言辞激烈地去反驳客户的朋友，这是销售的大忌。

面对客户朋友的异议，汽车销售人员首先应该对客户的朋友进行赞美和认同，然后虚心向其请教提出异议的原因是什么，以便找出客户朋友的不满意之处，然后有的放矢地予以应对和解决。比如："您朋友这么说一定有他的道理，肯定是我在某些方面没向您介绍清楚，我再给您解释一下吧。”“一看您就是汽车方面的行家，不然您朋友也不会把您请来当参谋，但是，您朋友真的很喜欢这款车，能否冒昧地请教一下，您不满意的地方究竟在哪里呢？”

接着，汽车销售人员要把沟通的焦点转移到汽车的卖点上，开始向客户及其朋友强调汽车的优点和卖点。同时，也可以通过打折、赠品等，诱惑客户做出购买决定。

当然，如果客户坚持跟朋友站在同一阵线，汽车销售人员也不可勉强客户，而应该热情、礼貌地送客，同时递上宣传资料，并留下客户的联系方式，以便对客户进行跟踪服务，为客户再次登门做铺垫。

范例 1

汽车销售人员：“（对客户的朋友）您好，非常欢迎张先生（要买车的客户）带您一起参加试驾，我是小王，这是我的名片。（对客户）张先生，您能否给我介绍一下您的这位朋友呢？”

（对客户及其朋友给予一视同仁的热情接待，并主动要求客户为自己介绍其朋友）

客户：“好的，这位是赵先生……”

汽车销售人员：“您好，赵先生，很高兴认识您，张先生说您是汽车方面的行家，认识您真是荣幸之至，以后还请您多多指教！”

（通过赞美，获得客户朋友的好感）

（开始试驾）

客户：“（问朋友）你觉得这款车咋样？”

客户朋友：“我觉得一般，咱们买车还是应该慎重点，多比较比较。”

汽车销售人员：“（对客户）张先生，您朋友对买车真是内行啊，他这么说一定有他的道理，请他当参谋，您肯定能选到称心如意的车！（对客户朋友）赵先生，您不仅在汽车方面是个行家里手，而且对朋友也非常细心和用心。能否冒昧地请教一下，您觉得这款车哪些地方不太合适呢？我们可以交换一下看法，然后一起帮您的朋友挑选一辆真正适合他的车，好吗？”

（先通过客户间接赞美其朋友，然后直接对客户的朋友进行认同和赞美，同时虚心向其请教提出异议的理由，以便找出其不满意之处）

客户朋友：“这款车外观很时尚，内饰也不错，但是动力比较一般。”

汽车销售人员：“赵先生，难怪张先生会找您来当参谋，您一句话就说到了点子上。这款车的动力性能确实不算突出，不过，我记得张先生刚才说，他比较看重车的外观、舒适度和安全性，是吧，张先生？”

（通过赞美，获得客户朋友的好感，然后把话题引向汽车的卖点上）

客户：“嗯，没错。”

汽车销售人员：“张先生，这款车外观时尚、美观，内部空间宽敞、舒适，安全性也非常有保障，您看，它配备了预紧式安全带、六大安全气囊、人体工学安全座椅、四门内置强化防撞钢梁等，能为您和家人提供多重安全防护。”

（向客户及其朋友介绍汽车的优点和卖点）

范例 2

汽车销售人员：“（对客户的朋友）您好！今天咱们能一起陪张先生试车真是有缘。我是小王，这是我的名片。（对客户）张先生，您朋友对您真是够意思，您能否给我介绍一下您的这位朋友呢？”

（对客户及其朋友给予一视同仁的热情接待，并主动要求客户为自己介绍其朋友）

客户：“好的，这位是赵先生……”

汽车销售人员：“赵先生，您好，张先生说您是汽车方面的行家，如果我有什么说错或做错的地方，请您一定要多多提醒、多多包涵。”

（通过赞美，获得客户朋友的好感）

（开始试驾）

客户：“（问朋友）你觉得这款车咋样？”

客户朋友：“我觉得一般，咱们买车还是应该慎重点，多比较比较。”

汽车销售人员：“（对客户）张先生，赵先生对您真是细心啊！能有这样的朋友真好，难怪您要请他当参谋呢！（对客户朋友）赵先生，您是汽车方面的行家，能否冒昧地请教一下，您对这款车不满意的地方究竟在哪里呢？”

（先通过客户间接赞美其朋友，然后直接赞美客户的朋友，同时虚心向其请教提出异议的理由，以便找出其不满意之处）

客户朋友：“我自己开的是 ×× 牌的车，感觉非常好，所以我们想去他们那儿看看。”

汽车销售人员：“赵先生，那您觉得 ×× 牌的汽车，哪些方面让您这么满意呢？”

（了解客户的朋友对现有品牌的满意点，为接下来的推介做铺垫）

客户朋友：“……”

汽车销售人员：“赵先生，我非常理解您的感受，汽车这东西开习惯了就会有感情，不过，有时换一个新的品牌未必就比原来的差，我给您介绍一下这款车的特点吧……而且为了回馈消费者，这款车目前还有很实用的赠品相送，比如……”

（把沟通的焦点转到汽车的优点和卖点上，同时通过赠品诱惑客户做出购买决定）

客户：“不用了，我们还是先到 ×× 牌汽车那儿转转再说吧。”

汽车销售人员：“好的，张先生，这是我们车行的资料，您不妨留个联系方式，有符合赵先生刚才说的车型时我再通知您。”

（礼貌送客，同时递上宣传资料，并留下客户的联系方式，以便对客户进行跟踪服务）

试驾前做好准备工作

情景描述

客户看中了一款中型轿车，想试驾一下。

错误应对

1. 不检验客户的驾照，也不对车辆进行检验，直接让客户上车试驾。

（这种做法不合规范，一旦客户没有驾照，或者车辆存在安全隐患，发生危险，事故的责任很难判定）

2. 随便找一条路线让客户试驾。

（这种做法不妥，选择的路线如果路况很差，客户的试驾体验就会很糟，从而对试驾车型产生负面印象）

情景解析

试驾前的准备工作做得好，做得充分，能大大提升客户试驾的满意度，因此，汽车销售人员要认真做好试驾的准备工作，力争让客户对试驾满意。

通常情况下，汽车销售人员在客户试驾前应该做好以下几项准备工作：检查试驾车辆的各项性能是否正常，比如水、电、油等，排除安全隐患，确保试驾的安全；检验客户的身份证件和驾照，并让客户签订试驾承诺书；与客户商定试驾的路线，并事先了解试驾路线的路况；询问客户想通过试驾了解汽车的哪些性能。

另外，汽车销售人员还要注意，试驾路线最好选择宽敞、顺畅的道路，这样有利于客户保持舒畅、愉悦的心情，提升客户试驾的满意度；切忌选择拥堵、嘈杂的路线，这样的路线容易让客户烦躁、压抑，大大降低客户试驾的满意度。如果客户对拟定的试驾线路存有异议，汽车销售人员要耐心进行解释说明，不要轻易更改试驾路线。

范例 1

汽车销售人员："马先生，按照车行的试驾章程，在试车之前，我们需要登记一下您的身份证号和驾驶证号。麻烦您把您的证件给我看一下。"

（核验客户的身份证件和驾照）

客户："好的。给，这是身份证，这是驾驶证。"

汽车销售人员："谢谢。马先生，请您稍等一下，我复印一下您的驾照。这份是试驾承诺书，麻烦您在这儿签一下名。"

（让客户签订试驾承诺书）

范例 2

汽车销售人员："马先生，我刚才仔细研究了一下，决定把咱们的试驾线路选在 ×× 路，您觉得怎么样？"

（跟客户商定试驾路线）

客户："×× 路好像很偏僻吧，不能在市中心的路上试吗？"

汽车销售人员："马先生，我知道您很想试一试这款车的动力性和操控稳定性，所以特意为您选择了 ×× 路。这条路虽然偏僻一点，但是非常适合试驾。您看，这是这条路的地图，不仅有几个弯道，还有一些缓坡。在这样的道路上试车，更能全面体验这款车的性能。这个月我已经带十来位客户在这条路上试过车了，您就听我的吧，管保没错！"

（客户对拟定的试驾线路存有异议，汽车销售人员耐心进行解释说明）

客户："嗯，那好吧。"

在试驾过程中，向客户强调汽车的特色

情景描述

在试驾过程中，汽车销售人员想趁机向客户强调一下汽车的特色。

错误应对

1. 在客户专心驾车时介绍。

（这种做法会让客户分心，无法专心体验驾驶的乐趣，从而降低客户试驾的满意度）

2. 客户在试驾过程中对汽车的某些性能和配置不太满意，汽车销售人员针锋相对或敷衍应付。

（这种做法容易引起客户的不满，降低客户试驾的满意度）

情景解析

客户在试驾过程中，汽车销售人员可以抓住合适的时机，向客户强调汽车的特色，以便让客户充分体验到汽车在性能和配置方面的优点，增加客户对汽车的印象和好感。

不过，汽车销售人员要注意，在试驾过程中，要把客户和自己的人身安全放在第一位，在客户专心试驾时，特别是在路况不好的时候，千万不要向客户喋喋不休地介绍，以免客户分心，发生意外和危险。在遇到红灯或路况平稳时，汽车销售人员可以适当与客户交流一下试车的感受。

当客户在试驾过程中使用到汽车的某项功能时，汽车销售人员一定要抓住机会，向客户介绍该项功能的优势和特色，比如客户在路况平稳且车少人少的路段想提速，汽车销售人员不妨向客户介绍发动机和挡位有哪些操作上的优点；客户觉得天气太热，汽车销售人员不妨打开空调，并向客户介绍空调的优点和特色等。

另外，在试驾过程中，汽车销售人员还可以通过赞美的方式，间接了解一下客户对试驾的体验和感受，比如："您开车真稳当，刚才提速我一点感觉都没有，车子非常平缓，您感觉如何？""您倒车的技术真是一流，就这么两三下就搞定了。您觉得倒车雷达好用吗？"

话术示范

范例 1

汽车销售人员："王先生，您开车真稳当，刚才提速我一点感觉都没有，车子非常平缓，您感觉如何？"

（通过赞美的方式，间接了解客户对试驾的体验和感受）

客户："嗯，这款车开起来蛮顺畅的！"

汽车销售人员："这款车在动力方面非常强劲，采用了 XT 发动机，而且动力油耗非常低，堪比 2.0 自然吸气发动机，运转平稳，动力输出均匀。而且这款车采用了经过优化设计的增强型前麦弗逊后多连杆的全独立悬挂，大大提高了高速行驶时的稳定性。"

（在客户使用到动力性能时，向客户介绍发动机的优点）

范例 2

汽车销售人员："王先生，刚才您那个紧急刹车真利落，我虽然已经有五年驾龄了，但是像刚才那种紧急情况，我肯定做不到您那样。对了，您觉得刹车好用吗？"

（通过赞美的方式，间接了解客户对试驾的体验和感受）

客户："还可以。"

汽车销售人员："咱们这款车采用的是 ABS 防抱死刹车系统，这种系统最大的优势就是汽车制动时，可以确保汽车不甩尾不侧滑，同时还能保持其转向能力。”

（在客户使用到刹车功能时，向客户介绍刹车系统的优点）

客户：“嗯。”

范例3

汽车销售人员：“王先生，您倒车的技术真是一流，就这么两三下就搞定了。您觉得这倒车雷达好用吗？”

（通过赞美的方式，间接了解客户对试驾的体验和感受）

客户：“还行吧。”

汽车销售人员：“咱们这款车采用的是全景鸟瞰加多摄像头辅助型倒车雷达，它的工作原理是通过车头、车尾、车身两侧的多个摄像头，拍摄车身与地面的画面，然后在车内的显示屏上整合成一幅鸟瞰图，不仅能看到车身四周所有障碍物的实景，而且连车身是否停正了都能看得一清二楚。这一点相信您刚才深有体会。”

（在客户使用到倒车功能时，向客户介绍倒车雷达的优点）

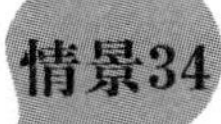

试驾结束后，汽车销售人员想询问客户感受如何

情景描述

试驾结束后，汽车销售人员想询问一下客户的感受如何。

✕ 错误应对

1. “这款车您开着有什么不满意的地方吗？”

（这种问法很不科学，客户听到你这么问，即使对车很满意，也会说出一堆不满意，作为讨价还价的借口）

2．“刚才这款车开着太棒了，您一定很满意吧？”

（这种说法是汽车销售人员站在自己的角度发表看法，而没有顾及客户的意见和感受，容易引起客户的不满）

3．“刚才这款车您好像开着不太顺手，如果您对这款车不满意，那我再带您试试其他车型。”

（这种说法有点犯傻，还不知道客户满不满意，自己先给了负面评价）

情景解析

客户对试驾的感受与评价，既能体现客户对试驾车型的满意程度，又能透露出客户在选车时的诉求点。因此，汽车销售人员在试驾过程中，最好随身携带本和笔，以便随时记录客户在试驾过程中的感受与评价。

试驾结束后，汽车销售人员要及时询问客户对试驾车的看法、感受，以判断客户的满意程度。如果客户觉得不满意，通常说明客户脑海里有一套理想的选购标准。他们之所以觉得不满意，可能是对车本身的驾驶体验不满意，也可能是因为汽车销售人员的服务态度、推销策略不当，引起了他们的抵触、反感心理。不管是出于何种原因，汽车销售人员都要主动、耐心地询问客户不满意的原因，并给予相应的解答、说明；然后设法挖掘客户真正的购买需求，为客户推荐合适的车型。

如果客户拒绝汽车销售人员的再次推荐，汽车销售人员不妨用张贴试驾评价的方式，引导客户多停留一段时间，让客户了解一下其他客户的试车意见，这样能再次加深客户对试驾车型的印象和好感。

如果客户满意，汽车销售人员要积极引导客户向成交的方向迈进。需要注意的是，有些客户在试驾结束后，出于礼貌，第一句评价往往是正面的，汽车销售人员千万不能凭这一句肯定就断定客户对车很满意，进而催促客户购买，否则很容易欲速则不达，而应该先挖掘客户的真实意见，再引导客户成交。

范例

汽车销售人员："王先生，刚才咱们试驾了一圈，您感觉如何？"

（询问客户的试驾感受，以判断客户的满意程度）

客户："感觉还不错，动力强劲，操控稳定，行驶平顺，尤其是加速时，推背感强烈。"

汽车销售人员："是啊，这款车采用了前麦弗逊后多连杆独立悬挂系统，具有欧系运动型轿车的风格，而且多了稳固性和坚实感，可以说舒适感和动力性共存。"

（向客户介绍试驾车型的优点，加深客户对车的好感）

客户："嗯，的确不错，可惜我觉得不太适合我。"

汽车销售人员："王先生，刚才我看您开着挺顺手的，冒昧地问一句，这款车您觉得哪些方面不太合适呢？是性能、外形、内饰还是……？"

（询问客户的不满意之处，挖掘客户真正的购买需求）

客户："这款车油耗实在太大了，一百公里要15个油呢。还有就是，内部空间有点小，尤其是后排空间，感觉有点挤，坐进去很不舒服。"

汽车销售人员："嗯，您说的这两点确实有道理。不过，您可能对这款车还是研究不够深，这款车的标准油耗其实在11个左右，刚才试驾时，因为正好是中午，气温太高，车内一直开着空调，所以油耗比平时略高了些。还有您说的空间问题，这款车的后排座椅是可调节的，您看，这样调节一下，是不是显得空间大多了呢？"

（针对客户不满意的原因，给予相应的解答、说明）

客户："嗯，比刚才好多了。不过，这款车的颜色感觉太浅了，我不太喜欢浅色的车。"

汽车销售人员："哈哈，王先生，那真是巧了，咱俩的喜好一样，我也不喜欢浅色的车。不过，这款车不只有这一种颜色，还有多种颜色，我们库房里现在就有黑色和红色的现车，我可以带您去看看。”

客户：“哦，不急着，我想再看看。”

汽车销售人员：“王先生，您真是个做事谨慎稳重的人，买车是一笔大开支，稳重一些是很有必要的。您能试驾这款车，并且给出这么多专业的评价，我们已经很高兴了。对了，我们车行会将客户试驾的评价和反映记下来，贴在展厅的墙上，您如果不介意，我就把您刚才的评价整理一下，也贴上去了啊！”

（用张贴试驾评价的方式，引导客户多停留一段时间）

客户：“可以，我也正想看看其他人试车后的感受呢。”

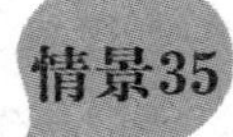

客户试了几款车后，什么也不说转身要走

情景描述

客户试了几款车后，没说满意也没说不满意，最后客户什么都没说转身要走。

错误应对

1. “谢谢光临，请慢走，欢迎下次光临！”

（这种说法无异于在把客户往外推，而且汽车销售人员在说这句话时很可能带着一些不满情绪，这会让客户心里觉得不舒服）

2. “您刚才试的这款车性能、配置等方面都不错呀！您怎么要走呢？”

（客户既然要走，就说明他对试驾的车不满意，可汽车销售人员依然说

好，这种毫无意义和价值的话，根本无法吸引客户停下脚步）

3.“先生，您别着急走啊，如果不满意还可以看看其他车型啊！”

（汽车销售人员在没有了解到客户的需求点之前就盲目地向客户推荐介绍，很难引起客户的购买兴趣）

4.“您如果真心想买，价格可以优惠的。”

（这种试图通过降价来吸引客户留下的做法带有一定的盲目性，因为客户不一定是因为价格原因要离开的）

情景解析

客户一连试了几款车，说明他是在用心选车，而且购买的意向非常强。在这种情况下，他之所以会一言不发地想要离开，通常有以下两方面的原因：一是试驾体验不甚理想，二是汽车销售人员的推介和服务让他感到不舒服。无论客户是出于何种原因想要离开，汽车销售人员都不能任凭客户离开，而应该设法先让客户留下来，再采取相应的方法来应对。

汽车销售人员首先应该放下身段，礼貌地请客户留步，并通过主动、真诚地承担责任求得客户的谅解。同时向客户询问、请教不满意的具体原因，以便了解客户的真正需求，然后根据客户的需求进行相应的推荐和引导试驾。

范例 1

汽车销售人员：“先生，请您先别急着走，好吗？我想请您帮个忙，由于我做这个工作时间还不长，所以能否麻烦您告诉我您想要离开的原因？是这几款车您都不满意呀？还是我的服务没有做到位？您都可以告诉我，我会立即改进，真的非常感谢您！”

（放下身段，礼貌地请客户留步，同时向客户请教不满意的具体原因）

客户：“……”

汽车销售人员：“哦，原来是这样啊。真是对不起，这都怪我没有解释清楚，其实这几款车……”

（针对客户不满意的原因加以解释说明）

范例2

汽车销售人员："先生，能不能请您留一下步。在您离开之前，可以帮我一个忙吗？"

（放下身段，礼貌地请客户留步）

客户："帮什么忙？你说。"

汽车销售人员："刚刚看您试车挺用心的，但是突然没有任何表示就要走，我想一定是我没有服务到位，所以先跟您说一声抱歉，还请您多多包涵。不过我确实真的很想为您服务好，所以能否麻烦您告诉我，您对刚才这几款车的不满意之处在哪里呢？"

（先把客户不满意的责任揽到自己身上，以求得客户的谅解，然后重新挖掘客户的需求）

客户："我觉得刚才这几款车……"

汽车销售人员："哦，原来是这样啊。那我再重新帮您找几款适合您的车型，来，先生，您这边请……"

（根据客户的需求，重新进行推荐和引导试驾）

客户说"你们不会把试驾车卖给我吧"

情景描述

试驾结束后，客户有些担心地说："你们不会把试驾车卖给我吧？"

错误应对

1. “您多虑了，我们怎么会把试驾车卖给您呢！”

（这样说法有讽刺客户“以小人之心度君子之腹”的嫌疑，容易引起某些敏感客户的不满）

2. “您放心，厂家有规定，不能把试驾车卖给客户。”

（这种说法非常机械，对客户缺乏有效的说服力，有的客户可能会想：厂家规定有什么用，你们如果不执行，也是一句空话）

3. “您放心，我们绝对不会做这种不道德的事。”

（这种空口无凭的承诺很难让客户信服，要想让客户信服，最好向客户阐释一下保证的措施）

情景解析

大部分客户在买车时都会试驾，以便检测汽车各方面的性能，买到称心如意的车。因此，大部分汽车厂商和车行、4S 店都非常重视客户的试驾环节，以最大限度地刺激客户的购买欲望，提高销售的成功率，由此也产生了大量的试驾车。有些客户对这种情况是心知肚明的，因此，他们在试驾结束后，常常会提出“你们不会把试驾车卖给我吧”的异议。

当客户提出此类异议时，汽车销售人员一定要用坚决、明确的口吻向客户保证，绝对不会将试驾车卖给客户。为了增加可信度和说服力，让客户安心、放心，汽车销售人员还要向客户详细阐释，厂家对试驾过的车会采取什么样的处理措施，让客户清楚地了解试驾车的流向，从而打消客户的顾虑和担心，促进交易的达成。

范例 1

客户：“你们不会把试驾车卖给我吧？”

汽车销售人员：“温先生，这一点请您完全放心！我们肯定不敢拿试驾车当新车卖给您的，那样岂不是太没职业道德了吗？再说了，这种事情一旦被客户发现，投诉到厂家，我们会面临非常严厉的处罚，除了经济受损失外，还会严重影响我们的名誉、砸我们的牌子，这对我们来说是得不偿失的。所以您就放心好了！”

（用坚决、明确的口吻向客户保证，不会将试驾车卖给客户）

客户：“哦……”

（客户还有些迟疑）

汽车销售人员：“温先生，或许您还不知道，厂家对试驾车是有明文规定的，试驾车要么作为公司的商务用车，要么以折扣价卖给内部员工或员工的亲戚朋友，流通在市面上的都是厂家新出厂的新车，所以呀，您就安心等着提您的新车好了！”

（向客户详细阐释厂家对试驾过的车会采取什么样的处理措施，让客户清楚地了解试驾车的流向）

范例 2

客户：“你们不会把试驾车卖给我吧？”

汽车销售人员：“温先生，您完全不必有这方面的顾虑，我们 4S 店是一种集整车销售（Sale）、零配件（Spare parts）、售后服务（Service）和信息反馈（Survey）为一体的汽车销售企业，我们的核心竞争力就在于以优质的服务赢得顾客，因此我们最注重的就是诚信，我们绝对不会为了一些不正当利益，拿自己的信誉和客户的信任开玩笑的，所以请您放心好了！”

（用坚决、明确的口吻向客户保证，不会将试驾车卖给客户）

客户：“嗯，那你们那么多的试驾车，最后都跑到哪里去了？”

汽车销售人员：“温先生，看来您真是个行家。对于试驾车，厂家明文规定了几种处理途径：一是作为公司的自用车；二是以折扣价卖给公司内部员工或员工的亲属等；三是销售给二手车交易市场。所以呀，您就放心等着开新车吧！”

（向客户详细阐释厂家对试驾过的车会采取什么样的处理措施，让客户清楚地了解试驾车的流向）

第五章

化解客户的疑虑和担心

——产品异议应对情景训练

客户在看车、选车、试乘、试驾的过程中，心里常常会产生一些不明白、不认同、有疑问、有顾虑的地方，这就是对汽车的产品异议。俗话说："嫌货才是买货人。"当客户以谨慎、挑剔甚至吹毛求疵的方式对汽车提出这样或那样的不满或异议时，恰恰表明他们对汽车产生了一定的好感和购买意向。所以，汽车销售人员必须学会正确地对待客户的产品异议，恰当地处理和化解客户的产品异议，这样才能消除客户的顾虑，增强客户的购买信心，最终促成交易。

情景37

客户说“你们的品牌知名度不高啊，我以前没听说过”

情景描述

听完汽车销售人员的介绍后，客户有些疑虑地说：“你们的品牌知名度不高啊，我以前怎么从来没有听说过。”

✕ 错误应对

1.“怎么会没听说过呢，我们在汽车行业很出名的！”

（这种说法有嘲讽客户孤陋寡闻的嫌疑：“这么出名的品牌你竟然都不知道！”客户对汽车缺乏了解，不熟悉某个汽车品牌是很正常的，汽车销售人员这么说，很容易让客户心生不悦）

2.“我们在很多媒体上都做过广告，最近还在电视台黄金时段做了广告呢，您怎么会没听说过呢？”

（这种说法无异于砸自己的牌子，会让客户觉得车的品牌有问题，不然怎么做了那么多广告都没有效果呢？）

3.“我们是新牌子，现在正处于市场开拓时期，还请您多多支持。”

（这种说法不但难以赢得客户的信任，而且可能导致客户的流失：“新牌子不知道质量有没有保证，我还是别冒这个险了！”）

4.“我们品牌在国际上很有影响力，汽车远销海内外呢！”

（这种说法吹嘘、浮夸的成分很大，会给客户一种假大空的感觉）

情景解析

品牌是汽车质量和服务的综合体现，一般来说，品牌的知名度越高，汽车在质量上和售后服务上越有保障。因此，大多数客户在选购汽车时，品牌的知名度和美誉度是一个很重要的考量依据，也是影响客户购买行为的最重要因素之一。

当客户对品牌的知名度提出异议时，其背后投射的信息是对汽车品牌的不信任。在这种情况下，汽车销售人员千万不要因客户的质疑而急于跟客户辩驳，也不要太过“诚实”而显得缺乏自信、底气不足。

面对客户对汽车品牌的质疑，汽车销售人员首先要对客户的想法表示理解和认同，尽量缓和、消除客户的抵触心理；然后要向客户解释自己的品牌知名度不高的原因。通过得体、巧妙的回答，往往能迅速赢得客户的认同感。

其次，汽车销售人员要用简洁、自信的语言向客户介绍自己的品牌：如果销售的是客户了解较少的知名品牌车型，汽车销售人员可以耐心地向客户介绍品牌的历史和成就，加深客户的认识；如果销售的是非知名品牌，汽车销售人员可以通过汽车其他方面的优点和卖点说服客户，比如外观时尚、性价比高、售后服务好等，并尽量用具体的事实去打动客户，以建立客户对汽车品牌的信任感。

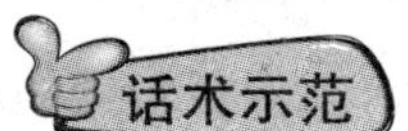

范例 1

客户：“你们的品牌知名度不高啊，我以前怎么从来没有听说过。”

汽车销售人员：“先生，您这个问题很多客户都问过呢。这都怪我们的广告宣传没有做到位。不过没关系，今天您正好来了，可以好好了解一下我们的品牌和卓越品质。我们是国际著名汽车厂商 ×× 公司旗下的一个品牌，已经有十五年的历史了，只不过刚进入国内不久，所以您可能没听说过。”

（先从自我批评的角度向客户解释品牌知名度不高的原因，然后自信、

简洁地向客户介绍品牌的历史）

客户："哦，原来是这样啊……"

汽车销售人员："嗯，虽然我们的品牌刚进入国内不久，但是有很多款车都卖得非常好，就拿这款 ×× 来说吧，它的设计非常人性化，比如它具备自动启停计时功能，自动启停能省油您肯定知道，路口停车等红灯时，车会自动熄火，绿灯亮后松开刹车就能自动启动，可以帮您省油。我们这款车不仅有这个功能，而且自带计时器，可以很精确地告诉您每个路口停了多长时间，只要您不赶时间，会有一种停得越久越赚了的感觉，还有它的……正因为这些人性化的设计，所以这款车一上市，就受到了广大客户的青睐和欢迎。"

（通过汽车其他方面的优点和卖点说服客户，建立客户对汽车品牌的信任感）

范例 2

客户："你们的品牌知名度不高啊，我以前怎么从来没有听说过。现在不少大品牌的车都毛病不断，小品牌就更难保证啦。"

汽车销售人员："先生，您有这样的顾虑我非常理解，很多客户第一次到我们车行买车时也提出过这样的问题。我们的确是一个新牌子，不过正因为我们是新牌子，需要树立良好的信誉、形象和口碑，所以我们非常重视汽车的质量和售后服务，只有这样，我们才能赢得客户的信赖和支持，我们的品牌才能不断发展壮大，您说是吧？"

（先对客户的想法表示理解，然后向客户解释自己的品牌知名度不高的原因，同时用新品牌重视质量和服务赢得客户的认同感）

客户："嗯。"

汽车销售人员："先生，大品牌有大品牌的好处，小品牌也有小品牌的妙处，同级别的车型，我们的售价只要 8 万元到 18 万元，同样的维修和保养，我们的收费仅是其他品牌的三分之一。同时为了赢得更多的客户，将小品牌做成大品牌，我们不仅在质量上丝毫不敢马虎，在服务上也是想客户之所想，急客户之所急，争取让客户买车更放心，用车更安心。"

（用性价比、质量、售后服务等优点说服客户，建立客户对汽车品牌的

信任感）

客户：“嗯。”

汽车销售人员：“现在汽车品牌这么多，要想在众多品牌中选一个质量可靠，同时又让自己满意的确实不容易。不过根据我们公司售后服务部门的统计，很多客户在购买了我们的车之后，对我们的车都非常满意，至今还没有出现过一例投诉，这是对我们汽车质量和服务的最大肯定，说明我们的汽车质量是可靠的，服务是值得客户信赖的。我有位客户刘先生，他去年从我们这里买了一款SUV。每次我们有新车上市，他都会带着朋友来看一看、试一试。他说，买我们的车很放心，平时有问题只要一个电话，售后人员就会快速地帮忙解决，用车用得很舒心。”

（用具体的事实打动客户，建立客户对汽车品牌的信任感）

客户说“你们的汽车质量一般，比不上××牌子的”

情景描述

客户对汽车销售人员说：“你们的汽车质量一般，动力性、制动性和操控性都不如 ×× 牌子的车。”

错误应对

1.“我们的车跟 ×× 牌子的差不多，而且价钱比他们的便宜。”

（这种说法过于简单、笼统，没有向客户介绍出自己品牌优于竞争品牌的独特卖点，很难消除客户的异议）

2.“就因为我们的车不如 ×× 牌子的，所以才比他们的便宜啊。”

（这种说法是汽车销售人员对自己品牌缺乏信心的表现，会进一步加剧客户的质疑和不满）

3.“别看 ×× 牌子的车品牌响亮，质量也就一般吧，您要是选车，可千万别选他们的车。我有好几个客户都是退了他们的车，转过来买我们的了。”

（这种贬损竞争对手、抬高自己的说法，是汽车销售人员缺乏职业道德的表现，不但难以增强客户的购买信心，反而可能降低客户的购买热情）

4.“呵呵，各有各的特色，看个人喜好吧！”

（这种回答方式过于简单、机械，对客户没有多大的吸引力和说服力）

5.“不好意思，我不太了解您说的那个牌子。”

（这种应对方式是汽车销售人员缺乏专业素养的表现，客户听到你这么说，会觉得你很不专业，从而对你和汽车品牌失去信任感）

情景解析

质量是客户选购汽车时最关注的因素，当客户对汽车的质量提出质疑，并拿竞争品牌的车与你的品牌相提并论时，汽车销售人员应设法扭转客户的想法，并给客户一个合情合理的解释，千万不能回避或敷衍客户，更不能跟客户争辩，否则，不仅无法消除客户的疑虑，而且会增加客户的质疑。

具体来说，汽车销售人员可以从以下两方面对客户进行引导和说服：

肯定客户所提及的品牌

通常情况下，客户对品牌的忠诚度是比较高的。因此，汽车销售人员首先要对客户提及的竞争品牌进行肯定和赞美，以缓和客户的抵触心理，赢得客户的好感和信任，吸引客户继续听自己介绍。

强调品牌的差异性

在对竞争品牌进行肯定和赞美后，汽车销售人员要及时转换话锋，向客户阐释自己品牌与竞争品牌的差异，重点将自己品牌的特色和优势向客户介绍、展示出来，并尽量将品牌的优点和客户的需求结合起来。

需要注意的是，汽车销售人员千万不要对客户提及的竞争品牌进行诋毁和贬损，如果自己的品牌确实优于竞争品牌，那根本无须通过贬低他人来证明自己好；如果竞争品牌优于自己的品牌，那就更不能去贬低人家了，因为你在贬低人家的同时，也贬低了自己在客户心目中的形象，客户会因此对你的职业道德产生怀疑，从而大大降低销售的成功率。

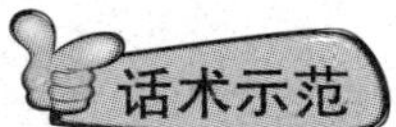

范例 1

客户："你们的汽车质量一般，动力性、制动性和操控性都不如 ×× 牌子的车。"

汽车销售人员："先生，您真是有眼光，×× 牌子的车确实非常不错。我们的品牌和他们相比，其实各有各的特色。请问您比较注重车的外观还是配置？"

（先对客户和竞争品牌进行赞美，以赢得客户的好感，然后引导客户说出自己的购买偏好）

客户："我比较看重配置。"

汽车销售人员："如果是这样，我认为我们的品牌特别适合您的需求，因为我们的汽车在配置方面……，前几天我接待了一位客户，结果不到 1 个小时他就订购了这款车，您知道为什么吗？"

（根据客户的购买偏好介绍汽车的特点和卖点，并用其他客户的案例勾起客户的好奇心）

客户："不知道，为什么？"

汽车销售人员："因为他的朋友 3 年前在我们这里买了一款车，对我们的汽车品质和服务都非常满意。"

（用其他客户的满意度消除客户的疑虑，提升客户的购买信心）

范例 2

客户："你们的汽车质量一般，动力性、制动性和操控性都不如 ×× 牌子的车。"

汽车销售人员："先生，看来您对汽车很有研究啊！ ×× 牌子的汽车确实很不错，也是我们一直研习的对象。对了，先生，冒昧地问一句，您觉得

××牌子最吸引您的地方是什么呢？”

（先对竞争品牌给予肯定和赞美，然后从侧面探询客户购车看重的因素，以便找到说服客户的支点）

客户：“我觉得他们的车外观靓丽时尚，性能和配置也不错。”

汽车销售人员：“先生，很多客户一开始也和您一样，对××牌子的车赞不绝口，可是当他们了解了我们的汽车并进行对比后，大都选择了我们的品牌。您知道这是为什么吗？”

（以其他客户做例证，引导客户了解自己品牌的优势）

客户：“不知道，为什么？”

汽车销售人员：“其实我们的汽车在外观、性能及配置方面和××牌子相似，而且我们的汽车在很多方面采取了非常人性化的设计，比如……”

（向客户详细介绍自己品牌的优点和卖点，提升客户的购买兴趣）

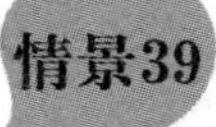

客户说“我觉得国产车质量一般，比不上合资车”

情景描述

客户听完汽车销售人员的介绍后，摇摇头说：“我觉得国产车质量很一般，比不上合资车。”

✖ 错误应对

1.“国产车跟合资车质量差不多，而且价钱比合资车便宜。”

（这种说法过于简单、笼统，没有向客户介绍出国产车优于合资车的独

特卖点，难以消除客户的异议）

2.“就因为国产车不如合资车，所以才卖这么便宜啊。”

（这种说法是汽车销售人员对国产车缺乏信心的表现，会进一步加剧客户对国产车的质疑和不满）

3.“合资车质量也一般吧，其实国产车挺不错的！”

（这种贬损合资车、抬高国产车的说法，是汽车销售人员缺乏职业道德的表现，会进一步降低客户的购买热情）

情景解析

合资车和国产车可以说各具特色、各有千秋，合资车在知名度、质量、性能、设计等方面比较有优势；而国产车性价比高，日常使用、保养、维修的成本较低，在设计上也更加本土化和人性化。因此，很多客户在选车时，往往会在合资车和国产车之间犹豫不决、取舍不定。

当客户提出“国产车不如合资车”的异议时，为赢得客户的信赖和好感，汽车销售人员应根据客户的需求，向客户阐述、展示国产车的独特优势和卖点，改变客户对国产车的固有看法与态度。

肯定客户所提及的合资品牌

通常情况下，客户对合资品牌的信任度和认可度是比较高的。因此，汽车销售人员首先要对客户提及的合资品牌进行肯定和赞美，以缓和客户的抵触心理，赢得客户的好感和信任。

强调国产品牌和合资品牌的差异性

在对合资品牌进行肯定和赞美后，汽车销售人员要及时转换话锋，向客户解释国产品牌与合资品牌的差异点，重点将国产品牌的特色和优势向客户介绍、展示出来。比如，国产车性价比高，在设计上更加人性化、本土化，保养、维修的成本低，售后服务完善等。

为了提高说服力，汽车销售人员不妨援引一些老客户的正面实例和评价，以更有效地打动客户。

范例 1

客户："我觉得国产汽车质量很一般，比不上合资车。"

汽车销售人员："先生，您有这种想法我非常理解，有不少客户都这么想过。合资车在知名度、性能等方面确实非常不错。我们的国产品牌和它们相比，其实各有各的特色，主要还得看您需要什么样的车，说得简单一点就是哪个更适合您的问题。请问您选车是比较看重配置还是外观？"

（先对合资车进行肯定和赞美，以赢得客户的好感，然后引导客户说出自己的选车偏好）

客户："我比较看重配置。"

汽车销售人员："如果是这样，我认为国产品牌更适合您的需求，我去年接待过一位贾先生，他开始跟您的想法一样，想买一辆合资车，后来他经过试驾，果断买下了我们的一款 ×× 轿车。您知道为什么吗？"

（用老客户的实例引起客户的好奇心）

客户："不知道，为什么？"

汽车销售人员："因为他和您一样，非常看重车的配置，他说，同样十几万块钱，买合资车只能买中低配置的，而买国产车却能买到高配置的，相比而言，还是国产车性价比高，而且维修、保养也方便、实惠。"

（根据客户的需求，并借老客户的嘴介绍国产车的优点和卖点，提升客户的购买信心）

范例 2

客户："我觉得国产汽车质量很一般，比不上合资车。"

汽车销售人员："先生，合资车确实非常不错，很多客户一开始也和您一样，对合资车赞不绝口，可是当他们了解了我们的汽车后，大都选择了我们的品牌，您知道这是为什么吗？"

（先对合资车予以赞美，以赢得客户的好感和信任，然后以其他客户为

例证，引导客户了解国产品牌的优势）

客户：“不知道，为什么呀？”

汽车销售人员：“简单地说，咱们的国产车赢在了性价比、操控性和售后服务上，比如同排量的车型，合资车的价格往往是国产车的几倍、十几倍，甚至几十倍；合资车零配件的价格也比国产车零配件贵，而且购买不方便，而国产车零配件供应充足，购买方便，价格上也实惠；国产车在设计上因为考虑了国内的道路状况、驾驶员的体型、驾驶习惯等特点，因而更加人性化、本土化，在驾驶的操控性上更优越；国产汽车厂商通常都有完善的售后服务，甚至在一些发达地区的乡镇都有维修点，而合资车只在大城市有一些特约维修点，且维修成本高昂。”

（向客户介绍国产品牌的优点和卖点，提升客户的购买信心）

情景40

客户说“这款车款式太旧了，现在基本没人开了”

情景描述

汽车销售人员向客户推荐了一款车，客户摇摇头说：“这款车款式太旧了，现在基本没人开了。”

错误应对

1. “正因为它款式旧，所以才这么便宜。”

（这种说法等于承认了客户的观点，而且在主观上认定客户只能买低价车，会让客户觉得很没面子）

2.“这款车现在很多人开呀，怎么会太旧呢？”

（这种说法只是简单、机械地反驳客户的观点，对客户没有任何说服力）

3.“这款车虽然款式旧点，但是性能好，配置高。”

（这种说法没有抓住客户的需求点，客户之所以说车的款式旧，说明客户比较看重车的款式，所以这种说法对客户缺乏有效的说服力）

情景解析

很多比较年轻的客户，买车、开车都追求车的外观时尚、前卫，他们大都会有一种“喜新厌旧”的心理，对外观传统、陈旧的车比较抵触和排斥。所以当汽车销售人员给他们推荐的汽车不够时尚、前卫时，他们就会提出“汽车款式陈旧”的异议。

当客户提出类似的异议时，无论他说的是否属实，汽车销售人员都不要急着去和客户辩解，那样只会使客户对车的负面印象进一步加深，而应该先对客户予以肯定、认同和赞美（主要是赞美客户的眼力好），以赢得客户的好感，拉近与客户的距离，然后再进行相应的解释说明或推荐工作，并尽量以客户的异议作为汽车的卖点和利益点，使客户对汽车产生好感和认同，力争促成交易。

当然，如果客户对你的推介不以为然或不为所动，你也不要勉强客户，而应该礼貌地询问客户的购买偏好和需求标准，然后根据客户的兴趣点和需求点推荐其他款式的车型。

范例 1

客户：“这款车款式太旧了，现在基本没人开了。”

汽车销售人员：“先生，您眼力真好啊！一眼就看出它的车型属于传统经典款了。这辆车的外观确实比较传统、经典，但是它动力强劲，操纵灵活、方便，质量可靠。咱老百姓买车不就是图个实用可靠嘛，除非是用它来结婚装点门面，否则不一定非买新款的车。您说是吧？”

（先赞美客户眼光好，以赢得客户的好感，然后巧妙地将客户的异议转化为汽车的卖点）

客户："那倒是。"

汽车销售人员："这款车还有一个最重要的优点，就是它的保有量大，等您开上三五年再转手时，它还能卖个好价钱哦！"

（继续向客户介绍汽车的优点和卖点）

范例 2

客户："这款车看上去太老土了吧，现在几乎没人开了。"

汽车销售人员："先生，您真是内行啊！其实这款车并不旧，只是由于它的外观属于经典款，是专门为注重实用性的客户设计打造的，所以延续了过去的风格。而且这款车在原来的基础上做了进一步的改良，比如增加了ABS、EBD 等装置，所以它的安全性能更高了！"

（先赞美客户，以赢得客户的好感，然后就汽车的款式问题向客户做出解释说明，并以汽车的新卖点激发客户的购买兴趣）

客户："嗯，你说的这些我都知道，不过我想买一款外观时尚的新款车。"

汽车销售人员："哦，原来是这样啊。我们最近到了一批新款车型，外观前卫、时尚，是专为年轻人设计的，比如这款 ××，浑身都散发着激情和动感的气息，您看它犀利的鹰眼晶钻头灯和独有的高辨识 LED 尾灯，更增加了它的动感；您再看它流线型的车身线条和动感十足的发动机罩，彰显的是时尚外表下的运动气质……"

（根据客户的购买偏好和需求标准，向客户推荐新款车型，并以车的独特优势和卖点激发客户的兴趣）

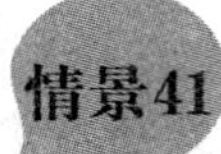
情景41

客户说“车身钢板太薄了，不安全”

情景描述

客户摸了摸车身，有些担心地说：“这款车车身钢板太薄了，我怕不安全。”

错误应对

1. “您放心，绝对安全。”

（这种说法没有向客户解释清楚绝对安全的原因，很难让客户信服）

2. “这么便宜的车，车身钢板薄是很正常的。”

（这种说法等于承认了客户的异议，而且有讽刺客户“出不起价钱就别想买好车”的味道）

3. “那咱们找一款车身钢板厚一点的看看吧。”

（这是一种消极应对方式，没有对客户的异议做出任何处理，就向客户推荐其他款，是汽车销售人员缺乏专业素养的表现）

情景解析

客户在买车的时候，安全性是其重点关注的要素之一，因为安全性与客户及其家人的安危休戚相关。很多客户因为缺乏汽车方面的专业知识，常常误认为汽车钢板的薄厚与安全问题密切相关，汽车车身的钢板越厚，汽车的安全性越高，反之则安全性越低。

面对此类客户异议，汽车销售人员首先要对客户的顾虑和担心表示理解和认同，以消除客户的负面情绪，拉近与客户的距离，然后用专业知识向客户解释车身钢板厚度与汽车安全性的关系，以消除客户的异议，增强客户的信任。

范例 1

客户："这款车车身钢板太薄了，我怕不安全。"

汽车销售人员："您有这种顾虑和担心我非常理解，其实不光是您，很多客户都有您这样的顾虑，就连我自己在没进入汽车销售行业前，也有这样的误解。但是当我进入这行接受了专业的培训后，我才知道，汽车的安全性不能单纯以车身钢板的厚度来判断，而应该看权威机构实际的碰撞试验结果，比如 C-NCAP 中国新车评价规程的碰撞试验结果，这些结果才是衡量汽车安全性的权威标准。"

（先对客户的顾虑和担心表示理解，然后用专业知识向客户解释车身钢板厚度与汽车安全性的关系）

范例 2

客户："这款车车身钢板太薄了，我怕不安全。"

汽车销售人员："您有这种顾虑和担心我非常理解，但是我要告诉您，您的顾虑和担心其实是没有必要的，因为汽车的安全性与车身钢板的厚度没有多大关系。"

（先对客户的顾虑和担心表示理解，然后用专业知识向客户解释车身钢板厚度与汽车安全性的关系）

客户："哦？那和什么有关系？"

汽车销售人员："主要和车身钢板的强度以及底盘的结构有关。就拿咱们刚才看的这款车来说吧，它的车身采用的是目前国际上流行的新材料，虽然看上去不厚，但是强度非常大，安全性绝对有保障。"

（继续向客户解释汽车的安全性与哪些因素有关）

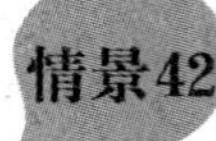

客户说“车内空间太小了”

情景描述

客户看了看车内空间，摇摇头说：“这款车内部空间太小了，感觉坐俩人进去就很拥挤了！”

错误应对

1.“空间的确有点小，不过这车便宜啊。”

（这种说法等于承认了客户的异议，而且在主观上认为客户只能买便宜车，会大大降低客户的购买热情）

2.“空间不小啊，我觉得挺大的！”

（这种说法只是简单地否定客户的异议，很难让客户信服）

3.“买这款车的客户非常多，很少有人说它空间小的！”

（这种说法的言外之意是客户无理取闹，容易招致客户的不满和反感）

4.“既然您觉得它空间小，那我再带您去看看其他宽敞的车型吧。”

（这种说法等于承认了客户的异议，而且没有对异议做任何处理就放弃了）

情景解析

很多客户买车并不是为了自己一个人开，而是为了方便整个家庭的出行，因此，车内空间的大小是很多客户在选购汽车时重点关注的问题。

当客户发现车内空间不符合自己的预期时，就会提出“车内空间太小”的异议。面对此类异议，汽车销售人员要给足客户面子，并以此为突破口，从客户的身形、车的轴距、高度和宽度，以及前排腿部、肩部空间和后排头顶空间等几方面着手，用具体、详尽的数据向客户说明车内空间的大小。

为了加深客户对车的印象和好感，汽车销售人员还可以引导客户进行试乘体验，让客户亲身感受一下汽车的内部空间。必要时，还可以向客户介绍一下车的储物空间和后备厢空间。在介绍储物空间时，要重点突出数量多、位置巧、空间大、设计人性化等特点；在介绍后备厢时，要重点突出容积大、开口宽、离地距离小等特点。

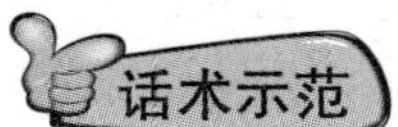

范例 1

客户：“这款车空间太小了，感觉坐俩人进去就很拥挤了！”

汽车销售人员：“李先生，您真够细心的啊，其实买车就应该像您这样，不放过每一个细节，这样才能挑选到称心如意的车！”

（对客户进行赞美，给足客户面子）

客户：“嗯，汽车这东西跟生活息息相关，而且价值不菲，一用就是很多年，不细心点怎么行？”

汽车销售人员：“是的，您说的特别有道理。关于这款车的空间大小，我觉得不能单凭眼睛看，而应该坐进去亲身体验一下。来，李先生，我帮您打开车门。”

（先对客户表示认同，然后引导客户进行试乘体验）

客户：“好的，谢谢。”

汽车销售人员：“其实人坐在车内的空间感，是由腿部、肩部和头部的空间共同营造的，脚部空间的大小是由轴距长短决定的，但头部和肩部空间是由车体的轮廓决定的。这款车的长、宽、高分别为 ××、××、××，轴距为 ××。虽然轴距不是很长，但是它的高度比较高，如果采用垂直坐姿，空间已经足够大了，绝对不会有拥挤的感觉。您不妨试一下，您的腿部、腰部和头部……是不是感觉都很舒服，毫无压抑感？这说明，这款车的空间对您来说已经绰绰有余了。”

（用具体、详尽的数据向客户说明车内空间的大小，并引导客户亲身感受空间的大小）

范例 2

客户：“这款车空间太小了，感觉坐俩人进去就很拥挤了！”

汽车销售人员：“李先生，您真是够细心的，买车就该像您这样，不然哪能买到称心如意的车呢！”

（赞美客户，给足客户面子）

客户：“嗯，汽车这东西跟生活息息相关，而且价值不菲，一用就是很多年，不细心点怎么行？”

汽车销售人员：“是的。不过，车内空间的大小是相对而言的，如果是体重 200 斤以上的大胖子，那这辆车的空间确实有点小，但是您的身材属于健康苗条型的，这款车的空间对您来说已经足够了！不信的话，您可以坐进去试试，来，我给您打开车门。”

（从客户的身形着手，对车内空间问题进行解释说明，同时引导客户进行试乘体验）

客户：“好的，谢谢。”

汽车销售人员：“李先生，这款车的前排头部空间是 ×× 毫米，后排头部空间是 ×× 毫米，您坐下来试试，是不是感觉非常舒适？它的轴距是 ×× 毫米，腿部空间非常宽敞，能有效避免长时间乘坐的疲劳感……您再看它的内部储物空间，有 20 多处，驾乘人员随身携带的各类物品都可以妥善放置，并且储物空间的容积非常大，满足日常使用完全没有问题。您再看看它的后备厢，不仅容积大，而且开口宽、离地距离小，取放大件、重物非常方便。”

（从车的前排头部空间、后排头部空间、轴距、储物空间和后备厢空间等方面着手，用具体、详尽的数据向客户说明车内空间的大小，并引导客户亲身感受空间的大小）

客户说“这款车内饰太一般了”

情景描述

汽车销售人员向客户推荐了一款车，客户看了看车内的装饰，摇摇头说：“这款车外观看着还不错，就是内饰太一般了，不够高档啊。”

错误应对

1. “这种内饰设计现在很流行啊，怎么会不高档呢？”

（这种说法只是简单否定了客户的异议，对客户缺乏有效的说服力）

2. “您说内饰不够高档，具体指哪里啊？”

（这种说法看似在询问客户对内饰不满的原因，实际上暗含着对客户的不满，容易引发客户的不满）

3. “这个价位的车，有这样的内饰已经不错了。”

（这种说法的潜台词是“没钱买高档车，就不要挑三拣四”，客户听了心里会很不舒服）

4. “这款车卖了这么久，从没有客户挑剔它内饰不好，您是第一个。”

（这种说法有责备客户过于挑剔的嫌疑，容易引发客户的不满）

情景解析

当客户提出“汽车的内饰一般，不够高档”的异议时，汽车销售人员首先应该对客户的想法表示理解和赞同，然后及时转换话锋，将客户的关注点转移到汽车的优势和卖点上，以降低汽车内饰的缺点对客户造成的负面影响。比如汽车销售人员可以从专业角度向客户解释汽车内饰的特点、优点和功能，以及它能给客户带来的利益和好处，让客户更多地关注汽车内饰的优点和功能，忽略汽车内饰的缺点和不足。

如果汽车的内饰确实不够理想，那么汽车销售人员就要向客户强调汽车其他方面的优点和卖点，以转移客户的注意力。

需要注意的是，在解释和介绍过程中，汽车销售人员一定要表现得自信、专业、真诚、坦然，这样能在很大程度上增强客户对汽车的购买信心。

范例 1

客户："这款车外观看着还不错，就是内饰有点粗糙，不够高档。"

汽车销售人员："嗯，王先生，您有这种想法我很理解，这款车的内饰材料确实算不上高档，但这种内饰材料也有它的独特之处，比如……您看它的做工，非常细腻，完全可以弥补材料的不足。而且，如果选用高档内饰材料的话，这款车的价格至少会提高 20%。多花 20% 的钱，就为内饰看上去高档一点，我觉得这钱花得不值，毕竟车的性能和配置才是最重要的。以目前的价格，能买到这样一款动力强劲、安全、省油的车，是非常难得的。"

（先对客户表示理解，然后从专业角度向客户解释汽车内饰的特点、优点和功能，同时向客户强调汽车其他方面的优点和卖点）

范例 2

客户："这款车外观看着还不错，就是内饰有点粗糙，不够高档。"

汽车销售人员："嗯，王先生，您眼光真好，一看就是个行家。这款车的内饰确实算不上高档的，相信您也知道，现在原材料的价格非常贵，如果选用最好的内饰材料，这款车的价格最起码得提高 20%。而且，这款车的性能、配置和做工，在同价位的车里算是数一数二的，比如……"

（先对客户表示赞同，然后向客户介绍汽车其他方面的优点和卖点，以转移客户的注意力）

客户说“汽车座椅太次了，不是真皮的”

情景描述

客户摸了摸汽车座椅，觉得不太满意：“汽车座椅材质太次了，不是真皮的啊！”

错误应对

1.“座椅用什么材质无所谓吧，反正坐起来都差不多。”

（这种说法有敷衍客户的嫌疑，难以消除客户的异议）

2.“这么便宜的车，您还想要真皮座椅啊！”

（这种说法的潜台词是，便宜车只配用便宜的低端座椅，容易引起客户的不满）

3.“真皮座椅肯定不是现在这个价钱了，起码得加 3000 元。”

（这种说法有看不起客户的味道，好像客户连 3000 元都支付不起一样，客户听了会很不舒服）

情景解析

很多注重驾驶体验和爱面子的客户在选购汽车时，对车身配件的材质会非常在意，比如汽车的座椅，他们一般都偏好真皮材质的。当他们发现汽车座椅不是真皮材质的时候，就会表示不满和提出异议。

面对此类异议，汽车销售人员首先应该对客户表示理解和认同，赞同客户的问题具有代表性和普遍性，以拉近与客户的距离，赢得客户的好感。然后再从维护客户的利益出发，从专业角度向客户解释座椅不采用真皮的原因，并重点向客户介绍非真皮座椅的优点，以及它能给客户带来的利益和好处。在此基础上，汽车销售人员还要向客户介绍汽车其他方面的优点和卖点，以转移客户对汽车座椅材质的关注，增强客户对汽车的好感。

范例 1

客户："汽车座椅材质太次了，不是真皮的啊！"

汽车销售人员："王先生，您有这种不满我非常理解，很多客户都曾提出过这样的问题！这种材质的座椅表面上看起来确实很一般，可实际情况并非如此。"

（先对客户表示理解和认同，以赢得客户的好感，然后制造悬念，引发客户的好奇心）

客户："哦，怎么说？"

汽车销售人员："王先生，您可能不知道，很多真皮座椅生产厂商为了节省成本，常常会忽略污染因素，在选料加工过程中加入一些有毒的化学成分，这些有毒成分长时间在车内散发，会在无形中损害我们的身体健康。所以我觉得，宁可选择舒适实在的高级布艺座椅，也不要选择质次有毒的真皮座椅，您说呢？"

（从维护客户的利益出发，从专业角度向客户解释座椅不采用真皮的原因）

客户："嗯，有道理！"

汽车销售人员："虽然真皮座椅在很多人眼里是豪华轿车的象征，但是真皮座椅是看着舒服，坐着受罪啊，没听人说嘛，真皮座椅夏天烫屁股，冬天冰屁股。而布艺座椅是看着不舒服，但坐着舒服，只要冬天铺个羊毛垫，夏天铺个凉垫，就可以冬暖夏凉；而且真皮座椅怕曝晒、怕尖锐物刮，需要小心保护，而布艺座椅环保，透气好，不变形，容易保养。所以，何苦非要多花几倍价钱买个真皮座椅来遭罪呢？”

（从专业角度为客户介绍真皮座椅和布艺座椅的优劣，并重点向客户介绍布艺座椅的优点、利益和好处）

范例2

客户：“汽车座椅材质太次了，不是真皮的啊！”

汽车销售人员：“王先生，您说的很对，很多客户都曾提出过这样的问题！这种材质的座椅表面看起来确实不太出众，但实际情况并非如此。”

（先对客户表示理解和认同，以赢得客户的好感，然后制造悬念，引发客户的好奇心）

客户：“哦，怎么说？”

汽车销售人员：“众所周知，真皮座椅舒适尊贵、价格不菲，很多厂家既要迎合大众附庸风雅的需求，又想节省成本，怎么办？只能以次充好、偷工减料了。更令人气愤的是，现在市面上出售的复合皮是用下脚料加工打碎，上覆pvc塑料膜压制而成，并附上一层胶膜，表面看上去很精致，很像头层皮，但是经不起高温、暴晒，保养得再好，不到一年也会出现裂纹。再看咱们这款车的座椅，虽然是皮革的，但是正好投合了中产阶级人群的需求和品味，就像您刚才所说的，您对汽车的要求就是简单实用、性价比高……”

（从维护客户的利益出发，从专业角度向客户解释座椅不采用真皮的原因，并向客户介绍皮革座椅的优点、利益和好处）

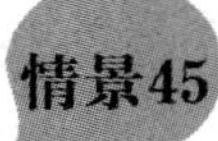

情景45 客户说“车轮的抓地性不太好，开快了车身有点飘”

情景描述

试驾结束后，客户有些不满意地说：“我觉得这款车车轮的抓地性不太好，开快了车身好像有点飘。”

错误应对

1.“您刚才开得太快了，开慢点就不会感觉飘了。”

（客户买车是为了出行方便、快捷，不可能为了保持车身不飘总是开慢车，所以这种说法很难消除客户的异议）

2.“车身飘很正常啊，再好的车开快了也会飘！”

（这种说法等于承认了客户的异议，而且有敷衍塞责的味道，客户听到这种回答，购买的热情会大大降低）

3.“这个价位的车，车身飘很正常，好车肯定不会有这种情况。”

（这种说法含有嘲讽揶揄客户买不起好车的味道，会让客户觉得很没面子）

情景解析

汽车的平稳性，直接影响着客户的驾驶体验，因此客户在试驾过程中，会非常关注和重视汽车的平稳性。当他们发现汽车在行驶过程中出现车身发飘的情况时，通常会觉得是车轮的抓地性差，从而导致汽车的平稳性差，进而提出异议。

面对此类异议，汽车销售人员应该运用自己的专业知识向客户作出解释说明，比如告诉客户，汽车在高速行驶时，很多因素都可能导致汽车车身发飘，如底盘重心高、车身轻、平衡性差、车型与空气动力的相匹配等，车轮的抓地性差并非唯一因素。接着，汽车销售人员要及时转换话锋，将客户的关注点转移到汽车其他方面的优点和卖点上，以提高客户对汽车的好感，增强客户的购买信心。

范例 1

客户："我觉得这款车车轮的抓地性不太好，开快了车身好像有点飘。"

汽车销售人员："张先生，您知道汽车在高速行驶时，使车身发飘的主要原因是什么吗？"

（向客户提出诱导性问题）

客户："不太清楚，是什么啊？"

汽车销售人员："是空气动力学的相关因素，汽车在高速行驶时，气流会从车底部产生向上的托力，这种托力会降低轮胎的抓地力，从而导致车身发飘。这就意味着，即便是再高档的车，只要超过一定的速度，也会感觉发飘的。另外，底盘重心高、车身轻、平衡性差、车型与空气动力的相匹配等，都可能导致汽车车身发飘，车轮的抓地性差并非唯一因素。"

（运用专业知识向客户作出解释说明）

客户："嗯。"

汽车销售人员："请问您买车一般是在哪里开？是在市区还是经常要走高速？"

客户："平时主要在市区，节假日偶尔会开车走高速去市郊玩玩。"

汽车销售人员："那您平时开车一般时速是多少？"

客户："最高也就 120 公里吧，北京这交通状况，也不可能开太快啊！"

汽车销售人员："既然您主要在市区行驶，就没必要担心车子会发飘啦，因为这款车时速超过120公里才会感觉有点飘，而您在市区时速一般不可能超过100公里，会感觉车身非常平稳。”

（运用专业知识为客户分析，汽车发飘的概率非常小，增强客户的购买信心）

范例2

客户：“我觉得这款车车轮的抓地性不太好，开快了车身好像有点飘。”

汽车销售人员：“张先生，您刚才说，买车主要是为了上下班代步，是吧？”

（向客户提出诱导性问题）

客户：“是的。”

汽车销售人员：“既然如此，您就无须太担心车身发飘的问题了，因为您上下班的时间一般都是早晚高峰，您开车的时速肯定不会超过100公里，这样的时速车子肯定非常平稳。而且这款车油耗非常低，在燃油价格不断上涨的情况下，这可是能为您节省不小的开销啊。”

（运用专业知识向客户作出解释说明，然后转换话锋，将客户的关注点转移到汽车其他方面的优点和卖点上）

情景46

客户问“车的油耗会不会太高了”

情景描述

客户试驾结束后，有些担心地问道：“感觉这款车的动力性、制动性、操控稳定性都很不错，就是不知道它的燃油经济性怎么样，会不会油耗太高了啊？”

错误应对

1. “您放心吧，这款车油耗很低。”

（这种回答方式过于简单，缺乏具体的论据支撑，很难让客户信服）

2. “这款车动力强劲，发动机排量大，油耗高是在所难免的。”

（这种实话实说的方式，会在很大程度上降低客户的购买热情，因为客户既然这么问了，说明他很在乎燃油的经济性）

情景解析

因为油价不断上涨，所以很多客户在选车时，都会非常关注汽车的油耗问题。当客户针对油耗问题提出异议时，有可能是其内心的真实想法，也有可能是其讨价还价的借口。无论是哪种情况，汽车销售人员都可以从以下几方面入手，增强客户的购买信心：

对客户表示理解

面对客户对油耗问题的担心，汽车销售人员首先要对客户表示理解和认同，迎合客户想节省燃油费用的心理，然后针对客户的担心进行客观、合理的解释，让客户自己去判断和选择，比如：“您有这种担心我非常理解，换作是我也会有这种担心的。不过，车是否省油以及省油的程度，和车身大小、车身重量有很大关系。您看中的这款车排量为2.0，车身比较大，车身总重量为1.4吨左右，不管是驾驶还是乘坐，都非常沉稳舒适。而且这款车的安全性和配置非常高，外观沉稳大气，最适合您这样有身份的成功人士使用了。唯一的缺点就是油耗稍大一些。不过话又说回来，哪有既让马儿跑得快，又让马儿少吃草的道理呢？”

弱化问题，转移焦点

接下来，汽车销售人员要学会扬长避短、转移矛盾，即把客户关注的焦点转移到解决问题的方案上，告诉客户为了尽量降低油耗，车本身采取了哪些省油的技术和措施，客户自己还可以采用哪些方法和措施，切不可在油耗问题上跟客户纠缠。比如：“但是，油耗的问题您也无须太担心，这款车为了避免油耗过高的问题，特别采用了……省油减排技术，而且您在使用过程中还可以注意……以达到省油的目的。”

范例 1

客户：“感觉这款车的动力性、制动性、操控稳定性都很不错，就是不知道它的燃油经济性怎么样，会不会油耗太高了啊？”

汽车销售人员：“黄先生，您有这种担心我非常理解，换作是我也会有这种担心的。不过，车是否省油以及省油的程度，和车身大小、车身重量有很大关系。您看中的这款车排量为 2.0，车身比较大，车身总重量为 1.4 吨左右，不管是驾驶还是乘坐，都非常沉稳舒适。而且这款车的安全性和配置非常高，外观沉稳大气，最适合您这样有身份的成功人士使用了。唯一的缺点就是油耗稍大一些。不过话又说回来，哪有既让马儿跑得快，又让马儿少吃草的道理呢？您说是吧？”

（先对客户的担心表示理解，然后针对客户的担心进行客观合理的解释）

客户：“嗯。”

汽车销售人员：“黄先生，其实油耗的问题您也无需太担心，这款车为了避免油耗过高的问题，特别采用了以下节油技术：第一是稀薄燃烧技术，第二是闭缸节油技术，第三是废气涡轮增压技术，这三项技术都能大大提高汽车的燃料经济性。另外，您在驾驶过程中注意以下几点，也能大大降低油耗：第一是尽量保持匀速行驶，这样能让您爱车的发动机进入经济燃油阶段，减少您爱车的负荷；第二是尽量少走一些路况不好的路，这样能减少您爱车和路面的摩擦力，避免增加油耗；第三是开车前先暖一下车，这样您的爱车能得到充分的润滑，从而起到省油的作用；第四是加油时尽量别把油箱加满，以免增加汽车本身的负荷，造成不必要的浪费。”

（把客户关注的焦点转移到解决问题的方案上）

范例 2

客户：“感觉这款车的动力性、制动性、操控稳定性都很不错，就是不知道它的燃油经济性怎么样，会不会油耗太高了啊？”

汽车销售人员："黄先生，您有这种担心我非常理解，换做是我也会有这种担心的。不过，车是否省油以及省油的程度，和车身大小、车身重量有很大关系。您看中的这款车排量为2.0，车身比较大，车身总重量为1.4吨左右，不管是驾驶还是乘坐，都非常沉稳舒适。而且这款车的安全性和配置非常高，外观沉稳大气，最适合您这样有身份的成功人士使用了。唯一的缺点就是油耗稍多一些。不过话又说回来，哪有既让马儿跑得快，又让马儿少吃草的道理呢？您说是吧？"

（先对客户的担心表示理解，然后针对客户的担心进行客观合理的解释）

客户："嗯。"

汽车销售人员："黄先生，其实油耗的问题您也无须太担心，这款车为了避免油耗过高的问题，特别采用了……省油减排技术。而且油耗高不单单是汽车本身的问题，驾驶者一些不良的用车习惯也会在无形中增加油耗，比如长时间怠速时不熄火，经常急加速、急刹车等。只要把这些不良的驾驶习惯改正过来，就能大大降低汽车的油耗。"

（把客户关注的焦点转移到解决问题的方案上）

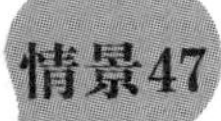

客户说"车速有点慢，开着不太给力"

情景描述

客户试驾结束后，对车的行驶速度不太满意："这款车速度好像有点慢啊，开着不太给力。"

错误应对

1.“这速度还慢啊？已经够快了！”

（这种说法只是简单地反驳客户的异议，对客户没有任何说服力）

2.“可能是您第一次开这款车，所以觉得慢吧！”

（这种说法把问题推在了客户身上，不但难以消除客户的异议，而且可能引起客户的不满）

情景解析

客户在试驾过程中，因为对新车充满期待，尤其是对车的动力性（最高车速、加速时间、所能爬上的最大坡度）期望值比较高，所以一旦觉得车速不够理想，就会提出“车速有点慢”的异议。面对客户的异议，汽车销售人员要尽量运用专业知识对客户进行引导，让客户尽可能多地体验和感知试驾车辆的优点和价值。

具体而言，汽车销售人员可以从试驾速度有严格限制、汽车本身的构造和性能（如风窗玻璃的特殊构造、汽车的平稳性）等方面着手，将客户的异议转化为汽车的优点和卖点，从而消除客户的异议，增加客户的购买信心。

范例 1

客户：“这款车速度好像有点慢啊，开着不太给力。”

汽车销售人员：“陆先生，其实您不说这个问题，我也正想跟您解释呢！很多客户认为，在试驾时把车开得飞快，能检测出车的性能，尤其是车的动力性，其实完全不是这么回事。”

客户：“怎么呢？”

汽车销售人员：“因为为了保证客户的人身安全，公司对试驾速度有严格的限制，根本不允许开得太快，所以，试驾的速度并不足以反映汽车的动力性，用试驾的速度来判断汽车的动力性并不科学。”

（从试驾速度有严格限制着手，消除客户的异议）

范例 2

客户："这款车速度好像有点慢啊，开着不太给力。"

汽车销售人员："陆先生，其实您不说这个问题，我也正想跟您解释呢！您之所以觉得行驶速度不够快，主要有以下两方面的原因：一是这款车的风窗玻璃是在两层玻璃中间加了一层 PVB 胶片制成的安全玻璃，光学性能非常好，不但能隔热、防紫外线，还能使光线变得柔和，降低驾驶员对驾驶速度的敏感性，从而给人一种速度不够快的错觉；二是这款车的减震效果和平稳性非常好，行驶起来非常平稳，这也会给人一种速度不够快的错觉。其实您只要留意一下速度表就可以知道，当它的时速超过 100 公里时，您几乎是没有任何感觉的。"

（从风窗玻璃的特殊构造、汽车的减震效果和平稳性着手，将客户的异议转化为汽车的优点和卖点）

情景48 客户说"汽车的噪声太大了"

情景描述

客户试驾结束后，对车有些不满意："这款车噪声太大了，引擎噪声、轮胎噪声、空气噪声、车身共振噪声都很大。"

✕ 错误应对

1. "这噪声还算大？我觉得不大！"

（这种回答只是简单地反驳客户的异议，很难消除客户的异议）

2. “我觉得这噪声不算大，没您说的那么夸张。”

（这种回答只是简单地否定客户的异议，缺乏事实和证据支撑，对客户来说缺乏可信度和说服力）

3. “这没什么关系吧，汽车哪能一点噪声都没有啊！”

（这种说法等于承认了客户的异议，而且没有站在客户的立场考虑问题，容易打击客户的购买信心和热情）

4. “很多客户都觉得这款车不错，从没有客户说过它噪声大。”

（这种说法有指责客户过于挑剔的味道，容易引起客户的不满和反击）

情景解析

噪声的大小不仅是衡量汽车质量的重要指标，而且会在一定程度上影响驾驶者的心情和健康。因此，客户在试车的过程中，会非常关注汽车的噪声问题，比如引擎噪声、轮胎噪声、空气噪声、车身共振噪声等。一旦他们觉得噪声高于自己的预期值，就会提出“噪声太大”的异议。

对于此类客户异议，汽车销售人员首先要站在客户的立场和角度，对客户予以理解和认同，以拉近与客户的距离。接着，汽车销售人员要转换话锋，让客户明白，无论开什么车，噪声都不可能避免，而噪声的大小是因人而异的，以降低客户对“零噪声”的期望值。然后通过对比、数据分析等方式，向客户做出详尽、客观的解释说明，同时向客户介绍汽车在降噪方面采取了哪些技术和措施，以消除客户的异议，增强客户的购买信心。在解释和介绍的过程中，汽车销售人员要尽可能多使用一些数据化、生动化的语言，为客户提供具有说服力的证据，以提高客户的信任度和满意度。

范例 1

客户：“这款车噪声太大了，引擎噪声、轮胎噪声、空气噪声、车身共振噪声都很大。”

汽车销售人员：“张先生，我很理解您的感受，汽车和我们的生活息息相关，而且一用就是很多年，如果噪声太大，不仅会影响我们的心情，还可能损害我们的听力和身体健康。”

（对客户的异议表示理解和认同，以拉近与客户的距离）

客户：“可不是嘛，所以我特别希望选一辆噪声小的车。”

汽车销售人员：“嗯，如果说这款车一点噪声都没有，那肯定是哄骗您的假话，因为汽车启动后肯定会产生振动，有振动就会有声音，但是，声音的大小是因人而异的，主要取决于个人对声音的敏感程度，即使再小的噪声，如果您听不习惯，也会觉得声音非常大。”

（让客户明白，噪声不可避免，而噪声的大小是因人而异的）

客户：“嗯，那可能是我第一次开这款车，对噪声太过敏感了吧。”

汽车销售人员：“张先生，其实和其他车相比，这款车的噪声算是小的，只要将它和别的车比较一下您就知道了，来，您听听这款车发动机的声音……是不是很大？相比之下，咱们这款车的声音根本不能叫噪声啊！可能是您太中意这款车了，对每个细节都非常在意，所以才会觉得它噪声大。”

（通过对比的方式，向客户解释汽车在噪声方面的优势，增强客户的购买信心）

范例 2

客户：“这款车噪声太大了，引擎噪声、轮胎噪声、空气噪声、车身共振噪声都很大。”

汽车销售人员：“张先生，我很理解您的感受，汽车噪声太大，不仅会影响我们的心情，还可能损害我们的听力和身体健康。”

（先对客户的异议表示理解和认同，以拉近与客户的距离）

客户：“对啊。”

汽车销售人员：“刚才您也提到了，汽车的噪声主要有四个方面：发动机噪声、轮胎噪声、空气噪声、车身共振噪声。这就意味着，汽车噪声的大小除了和它内部的设计、工艺、材料等有关外，还和行驶的速度、路况的好坏以及风力的大小有很大关系。咱们这款车针对噪声问题采用了多重降噪配置和技术，比如隔音棉、隔音胶条、静音胎、主动降噪技术（即在车内发出声波，用以抵消外部的噪声）等。”

（向客户介绍汽车在降噪方面采取了哪些技术和措施）

客户："嗯，可你说的这些我怎么没什么感觉啊？"

汽车销售人员："张先生，刚才在试驾过程中我记录了一些数据，您看一下就能体会了。您看，咱们的车在时速80公里时，几乎听不到发动机的声音，轮胎噪声和空气噪声也很小；在时速100公里时，虽然发动机噪声、轮胎噪声和空气噪声都比较明显，但并没有影响我和您的交谈；到时速150公里时，咱们只能听到发动机的啸叫声，轮胎噪声和空气噪声反而听不到了。这都要归功于这款车的降噪设备和技术。"

（使用数据化、生动化的语言，为客户提供具有说服力的证据）

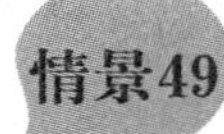

情景49

客户说"这款车的空调制冷效果很一般"

情景描述

客户在试驾过程中，打算试一试空调的制冷效果，但是感觉不太理想："这款车的空调制冷效果很一般啊。"

错误应对

1."制冷效果挺好的呀，怎么会一般呢？"

（这种说法只是简单否认客户的异议，对客户没有任何说服力，很难消除客户的异议）

2."应该是汽车刚启动不久的原因吧，等会儿就好了。"

（这种解释显得底气不足，缺乏自信，而且非常牵强，很难说服客户）

3. “我觉得制冷效果很好啊，可能是您太紧张的缘故吧！”

（这种回答把问题全部推到了客户身上，不但不能消除客户的异议，而且可能引起客户的不满）

4. “这款车卖出去很多辆了，还从没有客户说它制冷效果不好呢。”

（这种说法有指责客户吹毛求疵的嫌疑，容易引发客户的不满）

情景解析

汽车空调的制冷效果与驾驶者的生活息息相关，尤其是夏天，直接影响着驾驶者的用车感受和心情——空调制冷效果不好，驾驶者就会感觉燥热、心情不爽。因此很多客户在选购汽车时，对空调的制冷效果会非常关注、重视。

当客户发现空调的制冷效果不甚理想时，就会提出不满和异议，这时候，汽车销售人员应该首先对客户的异议表示理解，然后从专业角度向客户介绍汽车空调的特点、优点，比如将空调的制冷性能与正常的标准进行对比，用得出的具体数据突显本车空调制冷性能的优越性；或者从空调的制冷特色（如制冷速度快、制冷效果强劲等）着手，强调它能给客户带来的利益和好处。

在介绍过程中，汽车销售人员一定要表现得自信、专业、真诚、坦然，这样能在很大程度上增强客户的购买信心，提升客户的购买欲望。

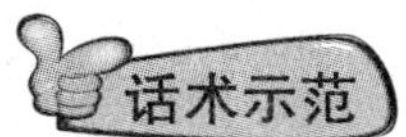

范例 1

客户：“这款车的空调制冷效果很一般啊。”

汽车销售人员：“王先生，您有这种感觉我非常理解，很多客户在第一次试驾某款车时，都会觉得空调的制冷效果不太理想，可实际情况并非如此。通常情况下，在车门、车窗封闭和车身保温性能良好的情况下，空调发动机在每分钟 1000 转（圈）的转速下运转半小时后，如果车内温度比车外温度低到 10℃以上，就说明空调的制冷效果比较好。再回头看看咱们这款车，刚才我们没开空调前，车内温度是32℃，开空调3分钟后，出风口温度降至8℃，车内温度明显下降，人体感觉非常舒适；开空调10分钟后，出风口温度降为5℃，此时车内感觉非常凉爽，和车外温度起码得差12℃，可见这款车的空调制冷效果是相当出色的。”

（先对客户的异议表示理解，然后将空调的制冷性能与正常的标准进行对比，用得出的具体数据突显本车空调制冷性能的优越性）

范例2

客户："这款车的空调制冷效果很一般啊。"

汽车销售人员："王先生，您有这种感觉我非常理解，很多客户在第一次试驾某款车时，都会觉得空调的制冷效果很一般。其实这是一种错觉。就拿咱们这款车来说吧，它配备的是自动恒温空调，能够根据车厢内的空气温度自动做出调整，以保持车内的最佳温度。自动恒温空调最大的优点是风量柔和、均匀，能够使人体恒定地保持一种舒适的状态，避免骤冷骤热给人体带来不适，所以您才会觉得车内的温度比较温和，不像普通空调那么强劲有力。"

（先对客户的异议表示理解，然后从空调的制冷特色着手，强调它能给客户带来的利益和好处）

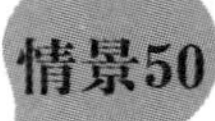

客户说"这款车的音响效果很一般"

情景描述

客户对汽车配备的音响非常重视，他试了试音响的效果，觉得不太满意："这音响效果很一般啊。"

错误应对

1. “汽车音响能有这样的效果，已经非常不错了！”

（这种说法直接否定了客户的意见，而且有嫌弃客户过于挑剔的嫌疑，会让客户感觉不舒服）

2. “这么便宜的车，您还想要多好的音响效果啊！”

（这种说法的潜台词是：客户出不起高价钱，只能买这种低端配置的产品，会让客户觉得很没面子、很恼火）

3. “买车最重要的是性能好，音响只是偶尔用一下，用不着这么在意吧！”

（这种说法有点答非所问、故意转移客户话题的味道，不但难以消除客户的异议，而且可能引起客户的反感）

情景解析

很多喜欢听音乐的客户在选购汽车时，对汽车配备的音响效果会非常重视，甚至挑剔。当他们发现汽车的音响效果差强人意时，就会提出不满和异议，这时候，汽车销售人员千万不要急着向客户辩解，否则不但无法消除客户的异议，而且还可能引起客户的反感。

汽车销售人员首先应该对客户提出的异议表示感谢，以缓和客户的不满情绪，赢得客户的好感。接着，汽车销售人员要试着向客户探询对音响不满意的具体原因，然后针对客户不满意的原因，从专业角度进行解释说明，同时引导客户按照正确的方法体验音响的效果。如果客户是个音乐发烧友，对音响效果要求很高，汽车销售人员可以为客户提供其他一些解决方案，比如建议客户自己安装比较专业的音响设备。

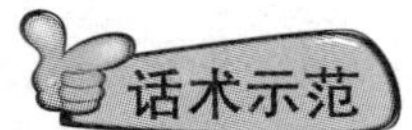

话术示范

范例1

客户：“这辆车的音响效果感觉很一般啊！”

汽车销售人员：“王先生，非常感谢您提出的宝贵意见。请问您说它音响效果一般，具体是什么地方让您不满意呢？”

（先对客户提出的意见表示感谢，然后探询客户不满意的具体原因）

客户：“刚才我把音量调到最大时，声音有点躁，刺耳。”

汽车销售人员：“哦，我知道是怎么回事了，因为您把音量调到最大时，已经超过扬声器的正常工作范围了，所以声音听起来有点躁，甚至有点刺耳，这属于正常现象。相信您也知道，我们无论使用什么音响设备听音乐，都没必要把音量调到最大，因为音量过高不仅会损害我们的听力，还会加速音响设备的老化。一般来说，听音乐的最佳音量是50%～80%，这个音量听音乐是最舒服的，您不妨试试看。”

（从专业角度向客户进行解释说明，同时引导客户按照正确的方法体验音响的效果）

范例 2

客户：“这辆车的音响效果感觉很一般啊！”

汽车销售人员：“王先生，非常感谢您说出您的真实想法。不瞒您说，以前有不少客户选择了这款车，他们对这款车的音响效果都还算满意。请问您说它音响效果一般，具体是哪里让您不满意呢？”

（先对客户提出的意见表示感谢，然后探询客户不满意的具体原因）

客户：“哦，音乐是我生活中不可或缺的一部分，不管是工作还是平时休闲，我都离不开音乐的陪伴。这款车价格这么高，音响效果却差强人意，实在有点小遗憾啊！”

汽车销售人员：“您说的很对，对于音乐发烧友来说，好车配上好音响才算完美无瑕。我有一位客户也跟您一样，是个音乐发烧友，他非常喜欢这款车，但是又对它的音响效果不太满意，所以他在买车后，自己安装了两个低音炮，听音乐那叫一个爽。您不妨也试试。”

（为客户提供其他解决方案）

第六章

守住价格就是守住利润
——价格异议处理情景训练

价格问题是汽车销售人员在销售工作中不得不面对的一个问题，也是买卖双方间最敏感的一个问题，因为它是关系到双方利益的关键所在——客户希望能以尽可能低的价格买到称心如意的汽车，而汽车销售人员则希望汽车能卖出尽可能高的价格，以最大限度地保证商家的利润和自己的销售提成。一旦价格谈不拢，汽车销售人员之前所做的努力就会前功尽弃。因此，汽车销售人员有必要学习和掌握一些价格谈判的方法和技巧，以促成交易的达成。

客户说“这款车很不错，就是价格太贵了”

情景描述

客户看中了一款车，但是听到汽车销售人员的报价，顿时犹豫起来：“这款车确实很不错，就是价格太贵了！”

错误应对

1.“这款车是贵了点，但一分价钱一分货，好车当然不便宜啦！”

（这种说法过于简单、机械，没把贵的理由向客户解释清楚，对客户缺乏说服力）

2.“这个价格已经很便宜了，您要是不信，可以去其他车行看看，比较一下。”

（这种说法风险系数很高，如果客户较起真来，真到其他车行去比较，一旦发现其他车行的价格稍低，就不会再回来了）

3.“这还贵啊，那您觉得多少钱合适呢？”

（这种说法会使汽车销售人员过早地陷入价格谈判的被动局面，增加销售的难度）

4.“您既然嫌贵，那我带您去看看便宜的车型吧。”

（这种试图引导客户“退而求其次”的说法，不但无法消除客户的价格异议，而且会让客户很没面子）

情景解析

客户作为消费者，肯定希望自己买到的商品是物超所值、物美价廉的，尤其是买车这种大宗消费，一旦议价成功，就能省下一大笔钱。因此，汽车销售人员报价后，即使价格很合理，客户依旧会提出“价格太贵”的异议，以期获得更大的优惠。

当客户提出此类异议时，通常说明他对眼前的汽车已有了初步的了解和认可，但是，汽车销售人员也不能因此掉以轻心，在销售实践中，因为价格谈不拢而走掉的客户不在少数。那么，汽车销售人员该如何应对呢？

一般来说，客户对汽车的兴趣度和满意度越强，对价格问题的考虑就会越少。因此，汽车销售人员千万不要在价格上与客户纠缠，而应该采取“先价值后价格”的策略，即要向客户强调汽车的优点和价值，进一步强化客户对汽车卖点的认可，让客户相信，汽车确实值这个价钱甚至物超所值，并让客户清晰地了解他所能得到的利益和好处。这样客户自然就不会嫌贵了。

在这个过程中，汽车销售人员要先对客户表示理解，然后把客户的异议点转向汽车的核心卖点，并将客户的核心需求与汽车的核心卖点结合起来，以刺激客户做出购买决定。

为了提高可信度和说服力，汽车销售人员还可以同时采用比较法、价格拆分法等，让客户感受到汽车卖这个价格是物超所值的，这样客户就不会觉得贵了。如果客户表现出动摇或认可的迹象，就立即引导客户成交。

如果客户是没有足够的钱支付，汽车销售人员可以建议客户采用分期付款的方式购买。如果客户是打算索要优惠，汽车销售人员要根据客户对价格的态度，灵活做出一些让步。

范例1

客户：“这款车很不错，就是价格太贵了！”

汽车销售人员：“黄先生，您有这种想法我非常理解，有很多客户听到报价后，都会产生这样的想法。不过，话又说回来，只有最好的品质才能卖最贵的价钱，这款车无论在外观还是内在性能上，都是一流的。开着绝对安心、放心。”

（先对客户表示理解，然后向客户强调汽车的优点和价值）

客户：“嗯。”

汽车销售人员：“黄先生，我想您一定也明白买对一样东西胜过买错三样东西的道理，如果买一辆车只开了几年，就各种问题不断，这样反而更不划算，您说是吧？”

客户：“嗯。”

汽车销售人员：“您再看这款车，车型是今年最新款式，外观时尚、霸气，性能……配置……如此完美的一辆车，才卖14万，简直是物超所值啊。多花点钱买一辆称心如意的车，比少花钱买一辆差强人意的车要划算得多。您说对不对？”

（引导客户认识汽车的优点和价值，以及能带来的利益和好处）

客户：“嗯，但一次掏这么多钱，我拿不出来啊！”

汽车销售人员：“黄先生，您的感受我非常明白，其实就算那些大老板，买车时一次掏那么多钱也会觉得心疼的。所以我们为客户提供了多种付款方式，比如采用分期付款的方式，首付只需三万元，以后每个月付两千多元，对您来说，绝对不会有压力的。”

（建议客户采用分期付款的方式购买）

范例2

客户：“这款车很不错，就是价格太贵了！”

汽车销售人员：“黄先生，您真是眼光独到，看中的是我们车行性价比最高的一款车。前几天有位李先生来我们这里买车，他也特别喜欢这款车，就是觉得价格有点贵。后来，他去其他几个车行考察比较了一番，最终还是在我们这里买的。您知道为什么吗？”

（先赞美客户有眼光，以赢得客户的好感，然后用其他客户的案例勾起客户的好奇心，为介绍汽车的卖点和价值做铺垫）

客户：“为什么？”

汽车销售人员：“黄先生，相信您也知道，买车最主要的是看四个方面：

第一是材质好，第二是性能好，第三是配置高，第四是售后服务完善。满足这四点，才能让客户放心、安心，您说对吗？”

（引导客户了解汽车的卖点和价值）

客户：“嗯。”

汽车销售人员：“正因为这款车做到了以上这四点，所以它才是物有所值的。您看它的外观，时尚、霸气，车身的材质抗冲击性能非常强，大大延长了汽车的使用寿命，性能也非常棒，配备的是2.0L的发动机。最值得一提的是，这款车非常轻便省油，百公里油耗仅为6.6L，达到了国4排放标准。”

（向客户介绍汽车的优点和卖点，让客户感到汽车的价格是物有所值的）

客户：“你就再想想办法呗，我是诚心想要。”

汽车销售人员：“黄先生，其实我跟您一样，希望能以最低的价钱买到最好的车，但是我从未发现任何一家公司以最低的价格提供最高品质的产品和服务。而且，我们对周边的车行、4S店做过市场调查，在同一档次的汽车中，我们的价格是最实惠的，配置是最全的，售后服务也是最完善的。这款车在同类品牌中绝对是数一数二的，可以保证您使用15年以上。咱们就按10年来计算，一年才1万元左右，一天才30元左右，这点钱每天少抽两包烟就出来了。您想想，每天只花30元左右，您就能享受十几年便捷的出行，您难道认为不值吗？”

（运用比较法、价格拆分法，让客户感觉物超所值）

客户：“嗯，这样算下来倒是不算贵。”

情景52

客户说“同样的款式和配置，××牌子比你们的便宜多了”

情景描述

客户听到汽车销售人员的报价后，大吃一惊：“怎么这么贵？同样的款式和配置，×× 牌子的车比你们的要便宜好几千元呢！”

错误应对

1.“不可能，×× 牌子和我们是同一级别的，同款同配的车价格差不了多少。”

（这种说法的言外之意是客户在说谎，等于当面戳穿了客户，会让客户很没面子）

2.“一分价钱一分货，×× 牌子是小品牌，我们是知名大品牌，虽然表面上看差不多，但我们的质量和服务要比他们好得多，价位比他们高也是很正常的。”

（这种用贬低竞争对手来抬高自己的说法，是汽车销售人员缺乏职业道德的表现，不但难以消除客户的异议，而且容易引发客户的信任危机）

3.“既然您觉得他们便宜，那您去他家买好了！”

（这种说法对客户缺乏礼貌和尊重，而且等于在“赶客户”，大部分客户听到这样的话都会拂袖而去）

情景解析

随着汽车品牌的日益增多，客户可以选择的汽车品牌和车型越来越多。即使是同样款式和配置的汽车，客户也可以有很多种选择。这就导致了很多客户买车时不仅喜欢“货比三家”，而且经常搬出其他品牌来试图压低汽车销售人员的报价。他们最常见的说辞就是“同样的款式和配置，××牌子比你们的便宜多了”。

遇到这种情况时，汽车销售人员千万不要一着急，就语无伦次地胡乱解释或进行无谓的争辩，而应该保持冷静，摸清客户说这种话的真实意图，然后针对不同情况采取不同的策略：如果客户只是随便说说，想探探底价，汽车销售人员就要向客户解释定价的合理性，不要轻易降价；如果客户所说属实，而且有真凭实据，汽车销售人员要象征性地降降价。

与此同时，汽车销售人员要将客户的注意力转移到汽车的卖点和价值上。因为客户在不同的汽车品牌间进行价格比较时，真正在乎的并不是几千块钱的差价，而是这个差价是否真正值得付出。很多客户其实更愿意多花些钱买一辆质量更可靠的车。因此，汽车销售人员千万不要因为自己的品牌比竞争品牌的价格高就放弃客户，而应该对自己的品牌有充分的自信，这种自信会在无形中影响客户的态度与偏向；另一方面应该紧扣客户的需求，将自己品牌优于竞争品牌的独特优点、差异性卖点和价值向客户展示出来，让客户觉得你的品牌是物有所值甚至物超所值的，以推动客户成交。

范例1

客户：“你们的车怎么卖这么贵？同样的款式和配置，××牌子的车比你们的便宜2000多元呢！”

汽车销售人员：“马先生，看来您真是有备而来啊，您知道我们为什么在价格上比××牌子贵2000多元吗？也许从表面上来看，××牌子的车确实和我们相似，但车的优劣好坏不能单纯通过外表来看，而需要从多个角度来判断，比如所用的材质、所选用的工艺、做工的精细程度等。”

（先对客户表示认同，以赢得客户的好感，然后引导客户了解自己品牌的卖点和价值）

客户："可是你们的价格高得有点离谱了吧？"

汽车销售人员："马先生，您信不信，有些质量和我们差不多的品牌汽车，比我们的价格要高出1倍？"

客户："这个我信。"

汽车销售人员："这就对了。我们的车比××牌子的贵，但贵得有道理，有价值！比如，××牌子的车装的是普通车窗，而我们的车装的是电动车窗，只需轻轻一按按钮，就能控制车窗的升降；再比如我们的车加装了电动加热后视镜，冬天天冷，后视镜容易结霜，这时只需打开后风窗除霜开关，电动后视镜就会开始加热，后视镜上的霜很快就会消失。这些配置都是非常实用的，我们买车不就图个舒适、方便吗？只要多出2000多元，就能每天享受这样舒适的感觉，您觉得不值吗？"

（向客户展示自己品牌优于竞争品牌的独特优点和差异性卖点）

客户："嗯，感觉还不错，就是价格贵了点。"

汽车销售人员："马先生，其实说这款车贵的客户不只您一个人，但是他们拿这款车和××牌子的车比较了半天，最后还是觉得我们这款车更划算，您知道为什么吗？"

（向客户抛出诱导性问题）

客户："为什么？"

汽车销售人员："马先生，您应该很清楚，汽车是一种很特殊的商品，不仅买车花钱，养车也要花钱，甚至比买车更费钱，您说是不是？"

客户："嗯，的确。"

汽车销售人员："据我所知，××牌子服务网点比较少，很多零配件都需要从国外进口，维修保养的费用挺高的。而我们仅在本市就有40多个售后服务网点，不仅方便您维修保养爱车，而且收费上也非常合理。就拿换一个汽油滤芯来说吧，××牌子的车至少需要500元，而我们这款车只要100元。也就是说，我们这款车，既让您买得起，又让您养得起，您可以自己算一算，哪一个更合算。"

（用维修服务方面的差异性卖点，促使客户选择自己的品牌）

范例2

客户：“你们的车怎么卖这么贵？同样的款式和配置，××牌子的车比你们便宜2000多呢！”

汽车销售人员：“马先生，您说得没错，我们这款车确实比××牌子的车要贵一些，但是我们贵有贵的理由！两款车在配置上看起来差不多，其实还是有不小的区别的。比如××牌子的车起步很稳，提速很快，瞬间就能爆发出强劲的动力。我有一位客户就是看中了它的动力性能，但最后还是选择了我们，您知道为什么吗？”

（先对客户表示认同，然后用其他客户的案例勾起客户的好奇心）

客户：“为什么？”

汽车销售人员：“因为××牌子那款车安全配置比较一般，比如它配置的是单气囊，副驾驶座是没有气囊的，可是买车毕竟不是他一个人用，老婆孩子经常会坐在副驾驶座上，这样一来，他们的人身安全就有很大的隐患。而我们这款车配备的是双气囊，而且还比××牌子的车多了氙气大灯和电动车窗。这些配置都是非常实用的，咱们买车不就图个安全、方便吗？”

（向客户展示自己品牌优于竞争品牌的独特优点和差异性卖点）

客户：“哦，我之前真没注意这些。可是就算多了这些配置，也不至于贵这么多吧？”

汽车销售人员：“马先生，买了车后，您觉得在未来的一年内，上车险、洗车、保养大概需要花多少钱？”

（向客户抛出诱导性问题）

客户：“至少也得三四千吧。”

汽车销售人员：“嗯，差不多。我们在客户买车后，会赠送给客户一年的车险、一年的免费洗车服务和一年的免费保养，这些东西加起来，价值已经远远超过2000元，而且这些东西都是买车后必须用到的。××牌子虽然在售价上比我们低2000元，但他们不赠送任何东西，所以总的来说，还是选我们更划算一些。”

（用洗车、保养服务方面的差异性卖点，促使客户选择自己的品牌）

情景53

客户说“这款车就是普通的国产车，怎么卖这么贵啊”

情景描述

汽车销售人员报价后，客户摇摇头说：“这款车就是普通的国产车，又不是合资车，怎么卖这么贵啊？”

⊗ 错误应对

1.“这您就外行了，这可不是普通的国产车。”

（这种说法不但没有对客户的异议作出明确详细的解释，而且有嘲笑客户不懂装懂的嫌疑，很难消除客户的异议）

2.“我们的车是国产大品牌，价格贵是很正常的。”

（这种说法过于简单，没有把贵的理由向客户解释清楚，很难消除客户的异议）

3.“这还贵？您去看看类似的合资车，比我们可贵多了。”

（这种说法有嘲笑客户不懂行情的嫌疑，而且合资车和国产车在价格上没有可比性，所以很难消除客户的异议）

情景解析

很多客户由于受到传统观念的影响，总认为国产车的价格应该比较低，所以当他们发现国产车标出较高的价格时，往往会觉得接受不了，进而提出异议。那么，当客户提出这方面的异议时，汽车销售人员该如何应对呢？

首先，汽车销售人员不要急于跟客户辩解，而应该先判断客户是真的对国产车不满，还是只想以此为借口寻求降价。对于想以此为借口寻求降价的客户，汽车销售人员首先要对客户表示理解和认同，因为大多数客户在汽车方面都是非专业人员，对专业的汽车知识只是一知半解或认识比较模糊。

接下来，汽车销售人员要向客户详细说明国产车具有哪些独特的优点和卖点，能给客户带来哪些利益和好处，比如轻便省油、性价比高、设计更符合国人的习惯等。只有让客户感觉到国产车物有所值，客户才不会觉得它贵。

对于确实是对国产车不满的客户，汽车销售人员要设法探询客户的购买偏好和需求，然后根据客户的偏好和需求，向客户推荐合适的车型。

需要注意的是，千万不要动不动就跟客户打价格战。很多汽车销售人员在销售过程中，错误地以为国产车不值钱，于是不断地向客户让利，这是不对的。正确的做法是先让客户深入了解国产车的各种优点、卖点和价值，在此基础上，再适当辅以价格手段，如此才能实现买卖双方的共赢。

范例1

客户：“这款车就是普通的国产车，又不是合资车，怎么卖这么贵啊？”

汽车销售人员：“先生，您有这种想法我非常理解，以前也有一些客户提出过类似的问题，不过后来他们才知道，其实国产车在质量和档次上也分很多种。比如国产车中比较高端的有……中低端的有……国产车的材质、配置、性能不同，价格也有很大差异，就拿我们这款车来说吧，它的车身采用了……它在性能方面……配置方面……”

（先对客户表示理解和认同，然后向客户详细说明国产车具有哪些独特的优点和卖点，让客户感觉到国产车物有所值）

范例2

客户：“这款车就是普通的国产车，又不是合资车，怎么卖这么贵啊？”

汽车销售人员：“姐，您有这种想法我非常理解，其实很多客户都会有您这样的感觉。不过话又说回来，我们这款车采用了……设计，它的外观……它在性能方面……配置方面……”

（先对客户表示理解和认同，然后向客户详细说明国产车具有哪些独特的优点和卖点，让客户感觉到国产车物有所值）

客户：“嗯，但是我不喜欢这种小型车，用起来太憋屈了。”

汽车销售人员：“哦，原来是这样啊，那请问您觉得多大空间的车合适呢？”

（询问客户的购买偏好和需求，为新一轮的推介做准备）

客户：“我买车是准备一家五口人使用的，长宽高起码得达到……吧！”

汽车销售人员：“哦，原来是这样啊，那您看看那边那款怎么样，它的长宽高分别是……轴距是……车内空间非常宽敞……”

（根据客户的偏好和需求，向客户推荐合适的车型）

情景54

客户说“你们的车又不是名牌，还卖这么贵”

情景描述

客户听到汽车销售人员的报价后，大吃一惊：“你们的车又不是名牌，还卖这么贵？”

错误应对

1.“我们的车已经很便宜了，其他品牌的同款车型可比我们贵多了！”

（这种说法只是简单反驳客户的异议，缺乏说服力，很难消除客户的价

格异议）

2.“我们是全国知名品牌，可能是您对汽车品牌不太关注，所以没听说过我们！”

（这种说法有暗示客户孤陋寡闻的嫌疑，不但对客户缺乏说服力，而且容易引发客户的不满）

3.“这还贵？我在这里卖了好几年车了，很少有客户说我们价格贵的！”

（这种说法暗示客户是个“奇葩异类”，别人都不嫌贵，唯独他一人嫌贵，容易引发客户的不满）

4.“价格可以再商量的。”

（这种主动让价的做法，是汽车销售人员缺乏底气和自信的表现，而且会让客户觉得你的报价含有很大水分，从而诱发客户的不信任感和砍价欲望）

情景解析

很多客户买车时不仅喜欢“货比三家”，而且经常搬出其他品牌来试图压低汽车销售人员的报价。其中很常见的一种说辞就是“你们的车又不是名牌，还卖那么贵”。

客户提出这样的异议，通常有以下几种情况：第一是客户没想到他眼中的非知名品牌汽车价格那么高，所以觉得吃惊；第二是汽车的价格超出了客户的承受能力；第三是客户不知道汽车为什么这么贵，贵在何处，这说明在与客户的沟通中，汽车销售人员没有将汽车独特的优势与卖点向客户有效展示出来，让客户信服。

当客户提出此类异议时，汽车销售人员千万不要一着急就进行无谓的争辩，而应该保持冷静，先对客户的想法表示理解，以赢得客户的好感，然后通过善意的提醒和巧妙的话术，将客户的注意力转移到汽车的卖点和价值上。

销售专家指出，客户的消费潜力可以激发到其购买预算的150%左右，这也就是说，客户在不同品牌之间进行价格比较时，考虑更多的并不是那几千块钱的差价，而是这个差价是否值得付出。很多客户其实更愿意多花些钱买一辆性能更佳、质量和服务更有保障的车。因此，汽车销售人员千万不要因为自己的品牌比竞争品牌的价格高就放弃客户，而应该积极将自己品牌的独特优点、卖点和价值向客户展示出来，让客户觉得你的车是物有所值甚至物超所值的。在向客户介绍的过程中，汽车销售人员要积极引导客户进行试乘试驾体验，让他切实感受到汽车的优点和价值。

范例 1

客户："你们的车又不是名牌，怎么卖这么贵？"

汽车销售人员："张先生，您这个问题问得很好，在您之前，已经有很多客户提出过类似的问题。其实，我们的品牌已经有十几年的历史了，只是一直以来，我们把大部分精力都放在了汽车的动力性、燃油经济性、安全性、操控性等核心技术的研发上，忽视了品牌的宣传推广工作，这也导致了很多客户不了解我们的品牌。"

（先对客户的想法表示理解，然后向客户解释品牌知名度不高的原因）

客户："哦。"

汽车销售人员："好在我们的高层已经意识到了品牌宣传的重要性，并且已经启动了全面的宣传推广计划。不过话又说回来，我们的车之所以价格高，是有过硬的品质作保障的，我们的车在动力性、安全性、操控性等方面，都是非常卓越的，比如……张先生，不如我给您安排一下试驾事宜，咱们开上车体验一下。"

（将汽车的独特优点、卖点和价值向客户展示出来，并引导客户进行试驾体验）

范例 2

客户："你们的车又不是名牌，还卖这么贵？"

汽车销售人员："张先生，您有这种想法我非常理解，正如您所说的，我们的品牌知名度确实不太高，因为一直以来，我们都没怎么在品牌推广上投入太多精力和资金，而是把大部分精力和资金用在了产品研发和技术革新上，毕竟要想获得客户的真正认可，关键还要看汽车的品质和性能。我可以负责任地跟您说，我们的汽车在品质和性能上，是走在行业最前沿的，到目前为止，我们已经获得了国家颁布的一系列荣誉，比如……我们的汽车之所以会在价格上高一些，原因也就在这里。"

（先对客户的想法表示理解，然后向客户解释品牌知名度不高的原因）

客户："哦。"

汽车销售人员："张先生，前几天有几位客户也提出过跟您一样的问题，不过，他们最终还是选择了我们的车，因为他们经过对比之后发现，我们的车在做工、性能、配置等方面都是非常优秀的，比如……当然，光听我空口说白话您可能没什么感觉，汽车这东西一定要亲身体验才行。来，张先生，我给您安排一下试驾的事宜，咱们开上车出去体验一下。"

（将汽车的独特优点、卖点和价值向客户展示出来，并引导客户进行试驾体验）

客户说"很多品牌车都在打折，你们为什么不打折"

情景描述

汽车销售人员拒绝了客户的打折请求，客户很不满意地说："很多品牌车都在打折，你们为什么不打折？"

错误应对

1. "对不起，我们目前没有打折活动，可能过一阵子会有。"

（这种说法等于暗示客户过段时间再来买比较划算，会大大降低销售的成功率）

2.“对不起，我们的车从来不打折。”

（这种说法会让客户有一种碰壁的感觉，大大降低客户的购买热情）

3.“对不起，我们只针对 VIP 客户有折扣，对普通客户没有。”

（这种把客户分为“三六九等”、对客户区别对待的做法，会让客户觉得自己受到了轻视和不尊重，很容易导致销售的失败和客户的流失）

4.“我们的车质量好，不打折也很正常。”

（这种说法有自卖自夸的嫌疑，对客户没有说服力——质量好不足以成为不打折的理由，人家名牌车都在打折，难道人家的质量不好吗）

情景解析

客户之所以提出“很多品牌车都在打折，你们为什么不打折”的异议，通常有以下两种可能：一种是习惯性地问一下，目的在于向汽车销售人员证明自己很了解市场行情，希望汽车销售人员不要在自己面前虚报高价；另一种是客户已经看到其他品牌的汽车在搞打折活动，而其本身又是一个价格敏感者，所以希望汽车销售人员给予自己一定的价格优惠。

当客户提出此类异议时，不管客户说的是不是事实，汽车销售人员都不要在折扣问题上纠缠，而应该先对客户的想法表示理解，以安抚客户的情绪，然后及时转移话题，将客户关注的焦点转移到汽车的卖点、价值和是否符合客户的需求上，围绕汽车的独特卖点、服务等向客户作出解释说明，以取得客户的理解和认同。最后要不失时机地引导客户进行试乘试驾体验。

如果客户对折扣问题比较执着，汽车销售人员在不超出自己权限范围和不损害利润的情况下，可以给客户适当的折扣优惠；如果确实不能给客户折扣，则要向客户说明不能打折的理由，并用其他优惠形式，比如申请额外赠品等，争取客户的理解和成交。

话术示范

范例1

客户："很多品牌车都在打折，你们为什么不打折？"

汽车销售人员："黄先生，您的想法我非常理解，毕竟作为消费者，谁都希望以最低的价格购买到心仪的车。不过，我觉得除了折扣外，更重要的还是车本身是否令您满意，您说是吧？"

（先对客户的想法表示理解，然后将客户关注的焦点转移到汽车的卖点和价值上）

客户："嗯，那倒是。"

汽车销售人员："黄先生，您可能不经常光顾我们车行，其实我们有很多多年的老客户，他们都知道，我们的车一直以来都坚持以质量和服务取胜，而且定价非常公道、合理，所以多年来备受广大消费者的追捧。我们之所以不像其他品牌那样，经常做一些折扣活动，是希望能以实实在在的价格对每一位客户负责，这样才不会出现汽车刚买几天，价格就贬值的事情，这样对买车的客户也不公平，您说是吧？"

（以汽车的品质和服务为点，向客户解释说明不打折的原因）

客户："嗯。"

汽车销售人员："我们的车虽然没什么折扣优惠，但却是物有所值的，它的做工……性能……配置……要不我给您安排一下试驾的事情，咱们开上它出去溜达一圈，觉得合适您就买，不合适您就当做个参考。"

（向客户介绍汽车的优点和卖点，同时引导客户进行试驾）

范例2

客户："你们家的车怎么这么贵啊，很多品牌车都在打折，怎么就你家不打折呢？"

汽车销售人员："黄先生，您这个问题问得太好了，非常感谢您的意见。其实每个车行打折的原因有很多，比如店庆、节庆、处理库存等。不过我们车行暂时还没有这方面的计划。不过话又说回来，一直以来，我们把大部分精力都放在了汽车的品质和服务上，所以，我们的车保值率是很高的，不用担心买车后开不了几年就会贬值，换车时也更划算。”

（先对客户的想法表示理解，然后以汽车的品质和服务为点，向客户解释说明不打折的原因）

客户：“嗯，也有道理。不过这款车的价格实在有点高，难道就不能给个特殊折扣价吗？”

汽车销售人员：“黄先生，既然您都说到这个份上了，那我就向店长申请一下，看看能不能给您个特别折扣？”

（在不损害利润的前提下，为客户申请适当的折扣优惠）

范例 3

客户：“很多品牌车都在打折，你们怎么一点折扣都没有呢？”

汽车销售人员：“黄先生，您有这样的想法我非常理解。有些品牌的某些车型确实比我们便宜，但他们只是针对某些旧款车型或滞销车型打折而已，未必有您中意的车型。其实汽车厂家的价格政策各不相同，有的实行低定价不打折，有的实行高定价再大幅打折，而我们汽车的定位本身就是偏中低端的，所以我们标的价格也比较实在。”

（先对客户的想法表示理解，然后用厂家的价格策略向客户解释不打折的原因）

客户：（沉默）

汽车销售人员：“其实买车关键还得看您的需求。根据您刚才描述的情况，我觉得这款车还是很合适的，您看它……”

（向客户介绍汽车的卖点，转移客户对折扣的注意力）

客户：“可是人家都打折，你们一点折扣都没有，这也太不合理了吧？”

汽车销售人员：“黄先生，表面上的折扣其实并不代表真的实惠，我们也可以把价格定得很高，然后给您一个看上去很有吸引力的折扣，但我们不会那样去做，因为那不符合我们的价格政策。要不这样吧，为了感谢您对我们的支持与厚爱，我给您争取一些额外的赠品，我们赠品有……这可是我们的底线了！”

（用申请额外赠品争取客户的理解和成交）

情景56

客户说“我是老客户了，都不给点优惠吗”

情景描述

老客户再次光临车行买车，在得知价格不能优惠后，不满地对汽车销售人员说：“我是你们的老客户了，难道一点优惠都没有吗？”

错误应对

1.“不好意思，这款车刚刚上市，现在是全国统一价，老客户也没有优惠。”

（这种说法会让老客户有不被重视、不被尊重的感觉，同时让老客户很失望、很失落，大大降低购买的热情）

2.“是吗？我怎么不记得您在我们这里买过车。”

（这种说法的言外之意是：客户在说谎，是打着“老客户”的名义试图索取优惠。即便真是这种情况，汽车销售人员也不能当面戳穿客户，否则会让客户很没面子）

3.“我也想给您优惠呀，可是真没办法，价格是由公司统一规定的。”

（这种用公司规定搪塞客户的说法，会给客户一种冷漠、不近人情的感觉）

情景解析

马斯洛需求层次理论告诉我们，人都有自尊的心理需求，希望自己获得别人的尊重，再次光顾车行的老客户更是如此，他们希望自己是车行最重要的客人，希望得到汽车销售人员的重视和尊重。

老客户在二次购车时要求优惠，与其说他们是想得到价格上的让步，不如说他们是想获得心理上的尊贵与优越感。因此，对于老客户提出的降价请求，汽车销售人员在接待规格和交谈方式上要更人性化一些，要给予他们特殊的接待和亲切热情的关照，让他们获得一种心理满足感和优越感，以提高成交的概率，并发挥他们在新品购买、品牌传播、新客户转介绍等方面的巨大作用。

汽车销售人员首先要对老客户的支持表示诚挚的感谢，然后要向老客户重申汽车的定价已经非常实在、公道，确实没有降价的空间，请求老客户予以谅解，这能在很大程度上减少老客户的刁难。接着要尽快把话题转到销售的正题上，不要在价格问题上一味纠缠，同时向老客户强调汽车的卖点和价值。

如果老客户一再要求价格优惠，汽车销售人员要分情况而定，如果有让利的空间，并且车行的价格政策也允许，那么不妨给老客户适当让点利，这样能让老客户求优惠的心理得到满足，还能大大提高他们的满意度和忠诚度。如果确实没有让利空间，则可以告诉老客户，虽然在价格上不能满足他们的要求，但可以以积分、赠品等形式让他们获得优惠和补偿。这样往往能让老客户获得心理上的平衡和优越感，从而顺利达成交易。

范例 1

客户："很多车行对老客户都有优惠，我是你们车行的老客户，难道一点优惠都没有吗？"

汽车销售人员："刘先生，我知道您是我们车行的老客户，真的非常感谢您长期以来对我们的信任和支持，但是真的非常抱歉，在价格方面我确实无能为力，这一点请您一定要多多包涵。您是老客户，一定知道我们车行在定价上一直都是非常公道、实在的，就比如您看中的这款车，在其他车行的售价应该在18万元以上，而我们车行的价格是18万元。而且我们在质量和售后服务上都非常有保障，这也是我们赢得很多像您这样老客户的信任与厚爱的最重要原因。”

（先对客户的支持表示感谢，然后用价格比较法向客户重申，汽车的定价已经非常实在、公道）

客户：“嗯，这我知道，难道其他的优惠也没有吗？”

汽车销售人员：“您放心，您是老客户，光给您一个实在的价格肯定是不够的。您看，那边那款车是我们新上市的车型，售价25万元，买那款车的客户能获得一个贵宾大礼包，包括一年的车险、一年的免费保养和一年的免费洗车服务。买其他车型是没这个优惠的。这样，我这就给我们店长打电话，看看能不能也给您申请一份贵宾大礼包。”

（用“贵宾大礼包”的形式让客户获得心理上的平衡和优越感）

范例2

客户：“我是你们的老客户了，我现在开的这辆车就是在你们车行买的，难道一点优惠都没有吗？”

汽车销售人员：“刘先生，我们店长常说，我们车行之所以能获得今天这样的成绩，最应该感谢的就是您这样的老客户的信任和支持。既然您是我们的老客户，那我就直话直说了，您也知道，我们新上市的车几乎是不打折的，这一点还请您多多理解！哦，对了，刘先生，您今天打算提车吗？”

（先对客户的支持表示感谢，然后向客户解释车行的价格政策，接着把话题转到销售的正题上）

客户：“就这两天吧，不过一点优惠都没有，真是有点……”

汽车销售人员：“刘先生，要不这样吧，如果您今天就定下来的话，我可以帮您向店长申请个特别优惠？”

客户：“什么特别优惠？”

汽车销售人员：“帮您申请一台价值8000元的行车记录仪，保证让您满意。”

（用申请赠品的形式让客户获得心理上的平衡和优越感）

客户说“我是你们的老客户介绍过来的，得多给点优惠”

情景描述

客户对汽车销售人员说：“我是你们的老客户 ×× 介绍来的，你们得多给我点优惠啊。”

错误应对

1.“这已经是最低价了，就算是老客户来买车，也是这个价。”

（这种直截了当的拒绝不仅会让客户觉得没面子，而且还驳了老客户的面子，会降低客户的购买热情，同时降低老客户转介绍的积极性）

2.“很抱歉，价格是公司统一规定的，真的没办法给您优惠。”

（这种把责任推给公司的说法，有敷衍客户之嫌，会降低客户的购买热情和积极性）

3.“那您想优惠多少？”

（这种说法会使汽车销售人员陷入价格谈判的被动局面，同时提高客户对优惠的期望值，从而为成交增加难度）

情景解析

如果客户是在老客户的介绍和推荐下来买车的，成交的概率相对而言会比较高，因为经过老客户的推荐，他们对车行是初步认可和信任的。因此，对于老客户介绍来买车的新客户，汽车销售人员要给予他们特别的重视和尊重，让他们获得一种心理优越感和满足感，与此同时，汽车销售人员还要时不时地对老客户表示感谢，一来提高老客户的忠诚度，二来提高新客户的满意度。

不过，经老客户介绍的新客户，常常自恃“老客户转介绍的身份”不同于一般普通客户，向汽车销售人员索要价格优惠，这时候，汽车销售人员可以适当为其争取一些优惠，但要注意把握好价格底线。如果客户对优惠力度不满意，汽车销售人员除了用汽车质量、售后服务等优势获得客户的认可外，还可以用申请特别优惠、申请赠品等形式，让他们感觉受到了特别优待，以打消他们继续杀价的念头。

范例

客户：“我是你们的老客户 ×× 介绍来的，你们得多给我点优惠啊！”

汽车销售人员：“尹先生，我们非常欢迎老客户介绍朋友过来买车，这是对我们最大的信任和支持。您放心，既然您是 ×× 先生介绍来的，我们一定尽量满足您的要求，给您最实惠的价格。同时为了感谢 ×× 先生对我们的信任，我们会特地为他准备 1000 分的感恩卡积分和一份免费保养服务，他可以拿这些积分兑换礼品或服务。麻烦您回去转告他一下。”

（给予客户特别的重视和尊重，让他们获得心理优越感和满足感，同对老客户表示感谢）

客户：“嗯嗯，我回去就告诉他。那你们能给我多少优惠啊？”

汽车销售人员：“尹先生，按照公司的价格政策，您看中的这款车是今年的新款车，本来在价格上是没有任何优惠的。但因为您是 ×× 先生介绍过来的，为了向您表示我们的诚意和感谢，我们可以给您个 9 折的特殊优惠。”

（用公司的价格政策和特殊优惠，向客户表示重视和尊重）

客户：“才 9 折啊？太少了吧！这样吧，你给我打个八五折吧。”

汽车销售人员："嗯……尹先生，相信 ×× 先生肯定跟您提过，我们车行的价格一直非常实在，车的质量绝对有保障，售后服务也非常完善，这也是我们赢得很多像 ×× 先生这样的老客户满意的原因。尹先生，我看您也是个实在人，我很想交您这个朋友。如果您今天就定下来的话，我帮您向我们领导申请一下，看看能不能赠送给您一套价值 5000 元的大礼包，这可是 ×× 先生买车时都没有的哦！"

（用汽车质量、售后服务赢得客户的认可，同时用申请赠品让客户感觉受到了特别优待，以打消客户继续杀价的念头）

客户说"我跟你们店长是朋友，总得给点优惠吧"

情景描述

客户向汽车销售人员索要优惠，但是被拒绝了，客户说："我跟你们店长是老朋友了，看在你们店长的面子上，总得给我点优惠吧。"

✗ 错误应对

1. "我们的车是全国统一定价，谁买都一样。"

（这种说法不但驳了客户的面子，连店长的面子也一起驳了）

2. "这个我可做不了主，要不您直接找我们店长吧！"

（这种说法把客户提出的价格难题推给了店长，不但容易引起客户的不满，而且一旦传到店长那里，也会引起店长的不满）

3. "就算我们店长在，也是这个价。"

（这种说法不仅会让客户觉得没面子，而且会让人认为店长只重生意、不近人情）

4.“是吗？您怎么认识我们店长的/您真的认识我们店长吗？那您知道他叫什么名字吗？”

（这种说法的言外之意是怀疑客户在说谎，尽管有客户通过这种方式来达到获得优惠的目的，但汽车销售人员还是应该给予客户起码的尊重，不应该当面戳穿他）

情景解析

汽车销售人员在接待客户的过程中，时常会碰到一些自称是店长朋友的客户。这种客户是很让人头疼的：给他们优惠吧，车行的利润和自己的销售提成就会受损；不给他们优惠吧，就等于不给客户和店长面子，可能损伤店长和客户之间的感情。对于这种情况，汽车销售人员一定要充分考虑到店长的难处，尽量不要把价格问题推到店长那里。

面对客户类似的价格异议，汽车销售人员一定要学会婉转、隐晦地拒绝客户，既把客户的面子给了，让客户有台阶可下，又达到了自己不降价的目的。具体来说，汽车销售人员可以分三步走：

第一步，赞美（最好利用略带惊讶的赞美）客户，适当抬高客户的层次，让客户觉得自己受到了足够的重视和尊重，满足客户的虚荣心理。比如汽车销售人员可以说：“谢谢张先生对我们车行的厚爱，我们店长交到您这样的朋友真是福气啊，希望您能继续支持我们的生意！”“我们店长前天还交代说，这几天他有个朋友要过来，原来是您啊，他说他的朋友品位很高，嘱咐我们一定要好好接待呢！”

第二步，请君入瓮。将客户抬高到一定高度后，汽车销售人员要将话锋自然转到汽车的价格上，比如：“既然您是我们店长的朋友，那您一定知道我们车行的价格政策了，我们的车可是从来不打折的，我想这一点我们店长一定跟您提过了。”

第三步，以退为进。客户说自己是店长的朋友，虽然是希望获得一定的优惠，但更重要的是获取足够的重视。所以汽车销售人员一定要给足客户面子，比如可以赠送客户一些“专属”小礼品：“不过，我们店长也特别交代了，您过来以后，让我们代他送您一份赠品作为礼物，其他普通客户可没有这种待遇哦！”

范例 1

客户：“我跟你们店长是老朋友了，看在你们店长的面子上，总得给我点优惠吧。”

汽车销售人员：“哇，您是我们店长的朋友啊，真是羡慕您啊！至于价格方面您就放心好了，我们店长前两天早就向我们交代过了，说这几天他有个朋友要过来，嘱咐我们一定要好好接待呢！他还特别嘱咐我们，您过来以后，一定要给您一个贵宾价，因此刚刚给您的价格，已经是我们店长的朋友才能享受的价格啦！”

（先用略带惊讶的语气赞美客户，满足客户的虚荣心理，然后用店长特意交代的优惠价满足客户的虚荣心，促使客户成交）

范例 2

客户：“我跟你们店长是老朋友了，你们要是再不给我优惠点，我就给你们店长打电话了。”

汽车销售人员：“张先生，这真是让我为难了，您给我们店长打电话，我们店长还以为是我们对您招待不周呢！其实我们店长因为朋友较多，所以早就交代过我们好几遍了，只要是他的朋友过来买车，都用这个优惠的价格，绝对不能跟一般的客户一样，所以待会儿还得麻烦您帮我在单子上签个名。”

（先向客户诉苦，以赢得客户的谅解，然后用店长特意交代的优惠价满足客户的虚荣心）

范例 3

客户：“你们店长是王 ×× 吧，我跟他是老朋友了，看在他的面子上，你总得给我一点优惠吧！”

汽车销售人员："原来您是我们店长的朋友啊，怪不得呢，我们店长的朋友层次就是不一样啊，一看就有素养和生活品位。我代表我们店长谢谢您对我们车行的支持与厚爱。"

（赞美和抬高客户，满足客户的虚荣心）

客户："不客气。"

汽车销售人员："张先生，既然您是我们店长的朋友，那您一定知道我们车行的价格政策，我们的车可是从来不打折的，就算拿到店长的批条也只能打到98折。您看这样成吗，我打个电话给我们店长，如果他同意，我们除了赠送您导航、倒车雷达、行车记录仪、脚垫、全车贴膜、灭火器、三脚架等这些常规的赠品外，还将赠送您一台价值10188元的车载空气净化器，以感谢您对我们车行的厚爱。其他普通客户可没有这种待遇哦！"

（将客户抬高到一定高度后，将话锋自然转到汽车的价格上，然后用赠送"专属"礼品让客户感受到特殊优待）

客户说"我是诚心想买，如果能再便宜点，我就买了"

情景描述

汽车销售人员费尽口舌，可客户还是觉得价格高："我是诚心想买，如果能再便宜5000元，我就买了。"

错误应对

1. "这已经是最低价了，真的没办法再便宜了。"

（这种说法直接拒绝了客户的议价请求，会在很大程度上打击客户的购买积极性）

2.“按照厂家的规定，这已经是最低价了，您不要让我难做嘛！”

（这种拿厂家规定做挡箭牌的说法，很多客户不会买账）

3.“您既然这么喜欢这款车，何必在乎这几千元呢？”

（客户喜欢车，并不能成为不降价的理由，客户对车再喜欢，也有讨价还价的权利，所以这种说法很难消除客户的价格异议）

4.“我们也是诚心想卖，但是真的没办法再便宜了，如果可以早就卖给您了。”

（这种说法的言外之意是告诉客户别再浪费心思了，降价是不可能的，会降低客户的购买积极性）

情景解析

在汽车交易过程中，客户追求的是物美价廉，即希望以最低的价格买到最称心如意的车，而汽车销售人员追求的则是利润的最大化，即希望以尽可能高的价格把车卖给客户，以最大限度地保证车行的利益。

在与客户议价的过程中，当客户表示只要再便宜到某个价位即可成交时，汽车销售人员切不可轻易答应，而应该设法在守住价格的基础上，促进交易的达成。

强调价值法

当客户对汽车各方面的条件都很满意，只是希望在价格方面再给一些优惠时，汽车销售人员不妨再次向客户强调一下汽车的独特优势和卖点，如配置高、外观时尚、油耗低等，让客户觉得汽车卖这个价钱是物有所值的。

价格分解法

当客户觉得价格太贵而要求优惠时，汽车销售人员还可以采用价格分解法，即按照汽车的使用时间将汽车的价格分摊，这样相对的数字就会小很多，客户就容易接受了。

心理暗示法

在成交的最后关头，客户对价格的执拗已经不单纯是为了省钱，而是为了追求一种心理满足感，即希望自己得到的价格是最低价格。因此，汽车销售人员在与客户议价时，要设法满足客户的这一心理，即让客户认为自己得到的价格是最低的了。为了增加可信度和说服力，汽车销售人员还可以举一些其他客户的例子作为证据，例如："××客户之前出了比您更高的价钱，都没能成交。"客户听到汽车销售人员这么说，通常会打消索要优惠的想法。

让价讲技巧

如果汽车销售人员用尽浑身解数，客户还是不肯妥协让步，那么也可以适当降价，不过，汽车销售人员在让价时，要一步步地让，而且每一次让步都要有合理的理由。如果客户得寸进尺，一而再再而三地要求更大优惠，汽车销售人员必须坚决、明确地向客户表明态度：让步已到极限，绝不可能再低了。让客户感受到目前这个价格已经是最低了，确实没有再让价的空间了，以遏止客户继续砍价的念头。

在守住价格底线的同时，为了促使客户成交，汽车销售人员可以再给客户一些利益诱惑，比如申请赠品、保养服务等。一旦客户表现出动摇或默许的迹象，汽车销售人员要不失时机地推动客户成交。

范例 1

客户："我是诚心想买，如果能再便宜 5000 元，我今天就把车订下来。"

汽车销售人员："王先生，您的心情我非常理解，只是在价格上真的没办法再给您便宜了。上周有一位姓赵的先生来买车，想 128000 元买下这款车，结果和我们店长谈了一个多小时，我们店长也没同意。所以您说的 125000 元，真的没办法满足您。"

（先对客户表示理解，以赢得客户的好感，然后用其他客户的例子作为证据，打消客户索要优惠的念头）

客户："这样啊……"

汽车销售人员："王先生，刚才这款车您也试过了，各方面的性能和配置您都非常满意，而且这款车外观时尚、霸气，是由德国设计师设计的，具有很强的视觉冲击力。128000元，绝对值了！”

（向客户强调汽车的独特优势和卖点，让客户感觉物有所值）

客户：“可我还是觉得太贵了。”

汽车销售人员：“王先生，您说的很对，一下子拿出这么多钱确实不少。但是您想一想，一辆车买下来怎么也得用上十几年吧。就按10年来算吧，您一个月也就支出1000多元，一点也不贵！”

（利用价格分解法消除客户的异议）

客户：“我就带了这么多钱，就再便宜一点吧。”

汽车销售人员：“王先生，我看您是真的喜欢这款车，这样吧，您稍等一下，我去请示一下我们店长，看能不能给您个特殊优惠。”

（用申请特殊优惠，让客户获得心理满足感）

客户：“好的。”

汽车销售人员：“王先生，我刚跟店长申请了半天，说您是我的亲戚，好歹再降一点，店长最后总算松口了，答应再给您优惠500元，这样的特殊优惠以前在我们车行可是没有先例哦！”

（适当降价，并用特殊优惠价遏止客户继续砍价的念头）

范例2

客户：“我就带了这么多钱，如果再给便宜5000元，我今天就交款提车。”

汽车销售人员：“王先生，您的心情我非常理解，如果能再便宜一些卖给您，我一定会卖给您的，这么大的一单生意我怎么可能不愿意做呢？您说是吧？”

（先对客户表示理解，以赢得客户的好感，然后让客户获得心理上的满足感，认为自己得到的价格是最低价了）

客户：“我是诚心想买，你就再给便宜一点呗！”

汽车销售人员：“王先生，您已经来过三次了，我知道您是诚心想买这款车。既然您这么信任我们，我也不能扫您的兴。这样吧，您稍等一下，我去找我们店长求求情，看能不能给您争取个特别优惠，如果实在争取不下来，您可别怪我呀！”

（用申请特殊优惠，让客户获得心理满足感）

客户："嗯，你去找你们店长好好说说。"

汽车销售人员："王先生，我跟我们店长软磨硬泡了半天，说您是我的表哥，好歹再给便宜一点，最后他总算松口了，答应再给您优惠300元，这可是他的底线了。"

（适当降价，并用价格底线遏止客户继续砍价的念头）

客户："就不能凑个整，便宜1000元吗？"

汽车销售人员："王先生，跟您接触这么久，我是真的拿您当朋友了，说心里话，这个价格确实是我们的最低价了，再便宜一块钱我们就要亏本了。"

（用让步已到极限，遏止客户继续砍价的念头）

客户："那你再想想办法给我点其他优惠吧，总不能什么优惠都没有吧！"

汽车销售人员："如果您今天就交款的话，我可以去找店长给您申请一份价值3000元的内饰赠品，其他的真的没办法满足您了。"

（用申请赠品促使客户成交）

客户说"赠品没什么用，直接给我换成折扣吧"

情景描述

客户问买车有什么优惠，汽车销售人员说可以送一些赠品，但是客户却要求把赠品换成折扣："赠品对我来说没什么用，直接给我换成折扣吧！"

错误应对

1.“不好意思，折扣是由厂商统一规定的，我们没有擅自降低折扣的权限。”

（这是一种敷衍、搪塞客户的说法，难以消除客户的价格异议）

2.“赠品和折扣是两码事，不能互换，如果所有客户都像您这样，那我们的生意就没法做了！”

（这种说法的言外之意是客户的要求太奇葩了，会让客户觉得没面子）

3.“赠品是对客户的一种回馈，您可以不要，但是不能折抵车款。”

（这种说法直截了当地拒绝了客户的请求，会让客户有一种挫败感，降低客户的购买热情）

情景解析

现在，很多汽车销售商为了吸引客户，促进销售，常常会在客户购车时，为客户免费提供一些价值不等的赠品，例如防盗器、挡泥板、脚垫、座椅套、贴膜、导航、车险、汽车保养服务等，但是，这些赠品往往价格不透明，有的赠品则在质量和售后上缺乏保障，因此，越来越多的客户不再买赠品的账，转而索求更实惠的折扣，要求将赠品折换成折扣。

当客户提出此类要求时，基于汽车厂商的价格政策和销售利润所限，汽车销售人员肯定不能答应，但是也不能直截了当地拒绝客户的要求，否则不但会让客户觉得很没面子，而且可能引发客户的不满，导致销售的失败。那么，该怎么办呢？这时候，汽车销售人员要学会积极地拒绝客户。所谓积极拒绝，是指一方面要给足客户面子，另一方面要引导客户向着成交的方向前进。

汽车销售人员首先要立场明确、坚定——赠品不能折抵车款，但是对客户的想法要表示理解和尊重，然后要向客户解释赠品与汽车价格的关系，比如：“我非常理解您的想法，但是非常抱歉，今天是因为我们车行正在搞活动，所以才会在正常售价的基础上，额外给您这些赠品……”这样既不会伤害客户的自尊心，又能获得客户的理解与谅解。

另外，汽车销售人员还要询问一下客户不想要赠品的原因，然后再对症下药采取解决方法，比如：有的客户已经有和赠品一样的用品了，这时汽车销售人员可以建议客户将赠品作为礼物赠送给有车的朋友，或将赠品等值调换成其他赠品等；有的客户认为赠品不值钱，这时汽车销售人员要向客户强调赠品的优点、价值、用途以及售后保障，提高赠品的价值感。

范例 1

客户："赠品对我来说没什么用，直接给我换成折扣吧！"

汽车销售人员："赵先生，您的想法我非常理解，如果这些赠品可以折抵车款，我肯定早就给您折换了。不过真的很对不起，我们的赠品是在客户购买汽车后额外赠送给客户的，是为了答谢客户，额外赠送给客户的礼物，它和价格没有关系，完全是两码事，没办法互换。这一点还请您多多谅解。"

（先对客户的想法表示理解，然后向客户解释赠品与价格的关系）

客户："哦，我听一个朋友说，买车赠送的东西都是劣质品，要不要两可。"

汽车销售人员："赵先生，我们的赠品都是公司领导特意为客户精心挑选的，绝对实用，而且价值不菲。您看，有汽车常用的地胶、脚垫、座椅套等。而且这些赠品我们展厅都有销售，都是明码标价的正品，很多客户都非常喜欢。"

（向客户渲染赠品的优点和价值）

客户："看来你们的赠品都是一些小玩意嘛，没什么大用，我不要了。"

汽车销售人员："赵先生，能否问一下您为什么不要吗？"

（了解客户不想要赠品的原因）

客户："因为这些东西我家里都有了，再要没啥用处！"

汽车销售人员："哦，原来是这样啊！那您现在家里还缺什么其他汽车用品吗？我可以帮您调剂一下。"

（用调换其他赠品帮助客户解决问题）

客户："你们还有什么赠品啊？"

汽车销售人员："我们的赠品非常丰富，很多赠品都能在日常生活中派上用途，比如……这些赠品就算您自己不用，送给有车的朋友也是非常不错的。而且我们的活动到这周末就结束了，您如果要的话，还得抓紧时间呢！"

（向客户介绍赠品的价值、用途，并用活动即将结束，增强客户的紧迫感）

范例 2

客户："赠品对我来说没什么用，直接给我换成折扣吧！"

汽车销售人员："赵先生，您的心情我非常理解，如果能将赠品折换成车款，当然更实惠。但是真的很抱歉，我们实在无法满足您的要求，因为我们的赠品是在汽车正常售价的基础上额外赠送给客户的，和车的价格没有关系，实在没办法抵换折扣，这一点还请您多多谅解。"

（先对客户的想法表示理解，然后向客户解释赠品与价格的关系）

客户："哦……你们的赠品都是些什么东西啊？"

汽车销售人员："我们的赠品都是公司领导特意为客户精心挑选的，非常实用，而且价值不菲，例如座椅垫、倒车雷达等，新买车的客户都能马上用得上的。"

（向客户渲染赠品的优点和价值）

客户："哦，都是些不值钱的玩意儿啊，没多大用处，还是给我换成折扣吧。"

汽车销售人员："赵先生，这套赠品价值 4000 元，本来是买中级车才会赠送的，绝对不会让您失望：第一，它们非常实用，比如 GPS 和倒车雷达，您马上就可以用上；第二，它们都是市面上不错的品牌产品，您看，在我们展厅里，这些赠品可都是明码标价销售的；第三，这些赠品不仅在质量上有保证，而且在售后上您也不用有后顾之忧，如果在使用过程中出现问题，我们车行是负责调换或维修的，您完全可以放心。"

（向客户强调赠品的质量、价值、用途和售后保障，提高赠品的价值感）

客户获得折扣优惠后，还想再要一些赠品

情景描述

按照规定，打折和赠品只能两者选其一，但是客户获得折扣后还想要赠品："听说你们车行还有赠品是吧，再给送点赠品吧。"

错误应对

1. "对不起，打完折就不能再送赠品了。"

（这是一种机械的解说方式，对客户没有任何说服力）

2. "抱歉，打折和赠品只能二选一，不能两个都要。"

（这种直接拒绝客户的方式显得很生硬，不但起不到说服客户的作用，而且会让客户觉得很没面子）

3. "您还是选折扣更划算，赠品都是一些不值钱的东西，不要也罢！"

（这种说法会让客户觉得车行太没诚意、太不把客户当回事了，竟然拿一些不值钱的东西当赠品糊弄客户）

4. "您两样都要，那我们可赔大了！"

（这种说法有责怪客户贪得无厌之嫌，会让客户觉得很不舒服）

情景解析

有些客户在购买汽车的过程中，往往会表现出"贪得无厌"的一面，总希望汽车销售人员给自己尽可能低的折扣或尽可能多的赠品，甚至想折扣、赠品一起要。而作为汽车销售人员，往往又无权降低折扣，更不可能随意送赠品。

当客户提出“折扣、赠品一起要”的不合理要求时，汽车销售人员首先要向客户表示诚恳的歉意，然后耐心、细致地向客户解释折扣与赠品不能同时给的原因，以求得客户的理解和包涵；之后，汽车销售人员要及时将客户的注意力转移到赠品的价值或折扣的优惠上，让客户在限定范围内根据自己的喜好和实际情况作出选择。在这个过程中，汽车销售人员要么向客户强调赠品的价值让客户选择赠品，要么向客户强调折扣的利益让客户选择折扣；如果客户比较执着、难伺候，也可在推荐折扣的同时做出适当让步，告诉客户活动结束后如果有多余的赠品会为其保留。

范例 1

客户：“听说你们车行还有赠品是吧，再给送点赠品吧。”

汽车销售人员：“看得出来您对我们的赠品非常喜欢，但是真的很不好意思，出于对成本的考虑，活动期间客户只能在折扣和赠品中选择其中一种。这一点还请您多多理解！”

（先向客户表示诚恳的歉意，然后向客户解释折扣与赠品不能同时给的原因）

客户：“哦，原来是这样啊，我还以为两样都可以要呢！”

汽车销售人员：“张先生，我们的赠品是公司专门为新车主精心挑选的，非常实用，质量也非常好，如果单独购买，至少得花四千元。所以我建议您不妨考虑我们的赠品。”

（向客户强调赠品的优点和价值，并建议客户选择赠品）

范例 2

客户：“听说你们车行还有赠品是吧，再给送点赠品吧。”

汽车销售人员：“张先生，您的想法我非常理解，但是真的很抱歉，我确实无能为力，如果两样都给您的话，我们真的会亏本，所以折扣和赠品您只能选择其中一样，还请您多多谅解。”

（先向客户表示诚恳的歉意，然后向客户解释折扣与赠品不能同时给的原因）

客户：“哦，原来是这样啊。”

汽车销售人员：“张先生，其实我觉得对您来说还是折扣更划算、更合适一点，因为它是实实在在的价格优惠，可以为您省下不少钱。再说，您也不是因为这些赠品才买这款车的，您说是不是？”

（向客户强调折扣的利益，并建议客户选择折扣）

范例3

客户：“听说你们车行还有赠品是吧，再给送点赠品吧。”

汽车销售人员：“张先生，您的想法我非常理解，我们的折扣和赠品确实都很吸引人，但您两样都要可真有点为难我了。我们核算过成本，如果两样都送的话就会亏本，所以折扣和赠品您只能选择其一，这一点还请您多多理解和包涵。”

（先对客户的想法表示理解，然后委婉地拒绝客户的要求，同时向客户解释折扣与赠品不能同时给的原因）

客户：“你就给我送点呗！”

汽车销售人员：“看来您真的很喜欢我们的赠品。要不这样吧，如果活动结束后还有多余的赠品，我一定给您留着，然后打电话通知您，您看可以吗？”

（对于比较执着的客户，可以用“以退为进”的方法掌握主动——先姑且答应客户的赠品要求，等活动结束后，给不给主动权就在你手里了：能给就说有剩余，不能给就说没剩下）

第七章

踢好“临门一脚”

——交易促成情景训练

促成交易是汽车销售的最关键一环，如果这一环节做不好，即便前面的准备工作做得再好、再到位，也有可能前功尽弃、功亏一篑。因此，在促成交易这个阶段，汽车销售人员一定要善于捕捉客户发出的稍纵即逝的成交信号，抓住促成交易的最佳时机，采用正确、巧妙、有效的促单策略与话术技巧，积极主动地创造成交的氛围，推动客户做出购买决策。

情景62 客户说“不急于这一时，等过一段时间再说吧”

情景描述

汽车销售人员向客户发出成交邀请，客户说：“不急于这一时，等过一段时间再说吧。”

错误应对

1.“早买早用，为什么要过一段时间再说？”

（这种说法过于简单，对客户缺乏说服力）

2.“反正早晚都要买，不如就今天买吧，万一过一段时间没货了呢。”

（这种说法太牵强，缺乏技术含量，很多客户根本不会买账）

3.“这款车目前卖得非常火，我怕厂家过段时间会提价，到时候再买就不划算了。”

（这种以涨价为幌子催促客户做决定的说法，含有“要挟”的成分，很多客户不会买账）

4.“好吧，那就过段时间再说吧。”

（这是一种消极应对方式，没有向成交的方向做任何努力和引导）

情景解析

汽车虽然能给生活带来很多便利，但是对很多人来说，它并不是生活必需品，更不是生活急需品，所以，很多客户即使选中了心仪的车，在面对汽车销售人员的成交请求时，也会提出“不着急，等过一段时间再说”的异议。

当客户提出这种异议时，汽车销售人员千万不要信以为真，放任客户离开。正确的做法是：先对客户的想法表示理解，然后引导客户说出异议背后的真实原因，然后再针对客户所说的原因进行相应的说服工作。

在说服客户时，汽车销售人员要再次向客户强调汽车的卖点和好处，促使客户做出购买决定。如果客户执意要等过一段时间再说，汽车销售人员也不要勉强客户，以免欲速则不达。

范例 1

客户：“买车也不急于这一时，等过一段时间再说吧。”

汽车销售人员：“何先生，您的想法我非常理解，买车是一项重大的费用支出，慎重一些是应该的。不过，我看得出来，您刚才试车时，对这款车还是很满意的，您现在说不着急买，是不是我哪里做得不好，让您不高兴了呢？”

（先对客户的想法表示理解，然后引导客户说出异议背后的真实原因）

客户：“没有，你做得很好。”

汽车销售人员：“那是什么原因呢？何先生，您有什么问题可以直接说出来，看我能否和您一起解决。”

（引导客户说出异议背后的真实原因）

客户：“是这样的，我虽然很喜欢这款车，但是我不想一时冲动就把车买下来。”

汽车销售人员：“何先生，您有买的冲动就对了。这款车无论从外观上还是从性能上，都是同价位车型中数一数二的，每天来看车的客户，有 50% 都会被它吸引，所以您有购买的冲动是很正常的。不过话又说回来，这款车绝对值得您冲动一回！”

（再次向客户介绍车的卖点，引导客户做出购买决定）

范例 2

客户："买车也不急于这一时，等过一段时间再说吧。"

汽车销售人员："您的想法我非常理解，买车是一项重大的费用支出，慎重一些是应该的。不过，我看得出来，您非常中意这款车，为什么还要等过一段时间再说呢？"

（先对客户的想法表示理解，然后引导客户说出异议背后的真实原因）

客户："这不快过年了嘛，亲戚朋友间得走动走动，需要花不少钱呢，所以……"

汽车销售人员："嗯，春节是咱中国人最重要的节日，是得多和亲戚朋友走动走动。对了，您的亲戚朋友多吗？都住在哪里啊？"

（向客户抛出诱导性问题，不露声色地引入买车话题）

客户："嗯，挺多的，天南海北哪里都有！"

汽车销售人员："嗯，您亲戚朋友这么多，又这么分散，更得买辆车了，这样走亲访友也方便、快捷，您说呢？"

（向客户介绍买车的好处，引导客户认识到买车的重要性和必要性）

客户："嗯，你说的有道理，不过也不差这几天，还是过了节再说吧！"

汽车销售人员："行，那就听您的，过了节再说。"

（遵从客户的意愿，以免欲速则不达）

客户说“我自己决定不了，得回去跟家人商量商量”

情景描述

客户试驾结束后，对车的各方面都非常满意，但是当汽车销售人员要求成交时，客户却说：“我自己决定不了，得回去跟我老婆商量商量再做决定。”

错误应对

1.“不用再商量了，这款车真的挺适合您的。”

（跟家人商量是客户的权利和自由，这种说法有把自己的意志强加给客户之嫌，容易引起客户的不满和抵触心理）

2.“好吧，那等你们商量好了再决定吧。”

（这种回答看似尊重了客户的自由，但是却没有了解清楚客户疑虑的原因在哪里，会大大降低销售的成功率，客户离开后，受各种因素的影响，很可能不会再回来）

3.“先生，这车是您开，也是您来付款，难道您都做不了主吗？”

（这种“激将法”虽然有时候会奏效，但是却有嘲讽客户没主见的嫌疑，会让客户觉得很没面子）

4.“您这么喜欢这款车，您太太肯定不会有意见的，您就自己决定好了。”

（客户的意见不代表家人的意见，如果客户是个非常看重家人意见的人，

那么汽车销售人员这种无视客户家人意见的态度，很容易引起客户的反感）

情景解析

面对汽车销售人员的成交请求，很多客户会提出“与家人商量商量再做决定”，客户提出这种要求，通常是基于以下两种心理：一是客户担心自己做出错误的决定，需要参考家人的意见后再决定是否购买，因为汽车跟家庭的每个成员都息息相关，而且价值和价格比较高，所以客户比较慎重；二是客户以此为借口推延购买时间，以便为自己争取更多的优惠和利益。

当客户提出此类要求时，汽车销售人员可以从以下几方面进行处理：

给予客户理解和认同

当客户提出此类要求时，汽车销售人员千万不要流露出急于成交、不耐烦、鄙夷等情绪，而应该对客户的做法表示理解和认同，并对客户尊重家人的态度进行赞美，以赢得客户的好感。

探询客户真实的顾虑

接下来汽车销售人员要想办法引导客户说出真实的顾虑，抓住客户想要离开的真实原因。这有利于汽车销售人员在销售工作中占据主动，有利于引导客户朝着成交的方向迈进。

处理问题，推荐购买

找到客户想要离开的真实原因后，汽车销售人员要立即着手处理问题，并推荐客户立即购买。在这一环节中，最重要的是帮助客户建立充分的信心，为客户提供各种立即购买的理由，鼓励客户当场做出购买决定。具体方法如下：

给压力：即对客户进行“威逼利诱”，比如告诉客户汽车销售紧俏、优惠活动即将结束等，给客户制造一种紧迫感，促使客户尽快做出购买决定，必要时也可以采取适度的激将法刺激其做出购买决策。

给诱惑：告诉客户现在购买可以获得哪些利益，即把客户买与不买的利弊向客户陈述清楚。如果客户只是想获得一些优惠，也可以在征得领导许可后，适当做出一些让步，促使客户做出购买决策。

增加客户的回头率

如果客户执意要回去和家人商量一下，汽车销售人员千万不可勉强客户，否则很容易给客户强买强卖的感觉，从而引起客户的不满和反感。不过为了增加客户再次来店的概率，汽车销售人员最好在客户离开前，再次向客户强调一下汽车的卖点和价值，以加深客户对汽车的好感，并引导客户留下联系方式，同时向客户了解决策人的情况，以便对客户继续跟进，或者跟客户约定时间，邀请决策者一起来试车、购车。

范例 1

客户：“买车是件大事，我自己决定不了，得回去跟我老婆商量商量再做决定。”

汽车销售人员：“嗯，刘先生，您有这种想法我非常理解。现在赚钱这么不容易，汽车又属于高消费品，肯定要和家人商量一下，这样买了才不会后悔。不过，通过刚才的试驾，我能感觉出来您挺喜欢这款车的。所以我想请教一下，是不是我有什么解释不清楚的地方，让您现在无法立即做出决定呢？”

（先对客户的做法表示理解，然后引导客户说出真实的顾虑）

客户：“哦，不是，我就是想参考一下我老婆的意见，我和我老婆无论买什么都是商量着来的。”

汽车销售人员：“哦，看来您和您太太关系很融洽啊，什么事都有商有量的！”

（针对客户说出的顾虑，积极引导客户做出正面回答）

客户：“嗯。”

汽车销售人员：“哈哈，看您一脸的幸福样就知道。我相信如果您太太今天在场，看到您对这款车这么喜欢，一定会二话不说支持您买下的。”

（利用假设法帮助客户建立信心，鼓励客户做出购买决定）

范例 2

客户：“买车是件大事，我自己决定不了，得回家跟我老婆商量商量再做决定。”

汽车销售人员：“刘先生，您有这种想法我完全可以理解，买车是一笔不小的开销，而且车子是要和家人一起使用的，跟家人商量一下是应该的。不过我想提示您的是，这款车是今年的最新款，最近卖得特别快，已经有好几位客户这两天要来提车，如果您下次来没有现车的话，您可能要等很长时间！”

（先对客户的做法表示理解，然后向客户强调汽车的卖点和紧俏性）

客户：“嗯，我知道，不过我还是打算先商量一下再说。”

汽车销售人员：“刘先生，您真是一位优秀丈夫的模范啊，买东西这样顾及家人的感受！不过，我觉得这款车确实挺适合您的，它……”

（赞美客户，以赢得客户的好感，然后再次向客户强调汽车的卖点和价值，以加深客户对汽车的好感）

客户：“嗯，我回去会跟我老婆好好商量商量的。”

汽车销售人员：“嗯，那您留一下您的联系方式吧，到时候您和您太太有空的话，可以一起来试车。”

（留下客户的联系方式，为跟踪客户和再次销售做铺垫）

范例 3

客户：“买车是件大事，我自己决定不了，得回家跟我老婆商量商量再做决定。”

汽车销售人员：“刘先生，一看就知道您是个有眼光、做事果断的人，而且在家里您太太一定听您的，要不然也不会这么放心让您一个人过来选车。既然这款车您这么喜欢，那究竟是什么原因让您无法立即做决定呢？”

（先恭维客户，以赢得客户的好感，然后引导客户说出真实的顾虑）

客户：“嗯……我觉得这款车价格有点小贵，不知道能不能再优惠一些？”

汽车销售人员：“刘先生，其实这个价格已经非常优惠了，这款车没搞活动前，要比现在贵 1 万多元呢！”

客户：“你们就少赚点吧，再优惠点，我立刻就签合同。”

汽车销售人员：“刘先生，我看您也是个爽快人，我向我们店长申请一下，看能不能给您个特别优惠。”

（适当做出让步，并用申请优惠让客户感到优惠的来之不易）

情景64

客户说“预算不够，迟些日子再说”

情景描述

客户看中了一款车，但是在价格谈判中，客户对汽车销售人员表示：“我的预算只有这么多，这款车的价格超出了我的预算，我还是过段时间再说吧。”

错误应对

1.“您是不是嫌价格高了？没关系，价格可以商量的。”

（这种回答无异于告诉客户你的报价有水分，客户听到你这么说，肯定会趁机要求降价，让你陷入价格谈判的被动局面）

2.“既然如此，那我再给您介绍一款价位低一点的车吧。”

（这种说法会让客户觉得你看不起他，认为他买不起贵车，从而导致客户心生不满）

3.“您在开玩笑吧，一看您就是有钱人，怎么可能预算不够呢？”

（这种反问会让客户心里很不舒服，如果客户确实囊中羞涩，他会认为你是在故意讽刺他）

情景解析

在价格谈判过程中，客户表示预算不够，通常有以下三种原因：一是想对各品牌、各车行的车进行更为全面的走访和了解，所以借故拖延时间；二是以此作要挟，希望汽车销售人员给出更低的优惠；三是客户的预算确实不足。

遇到这种情况，汽车销售人员首先要判断一下客户的预算到底是真不足，还是假不足。判断的方法很简单，可以赞美客户几句，夸夸客户的眼光、有经济实力、有生活品位等。如果客户听到夸赞后面露窘色，那么预算不足十有八九是真的；如果客户听到夸赞后泰然自若，那么预算不足十有八九只是借口。

如果客户只是想拖延时间，以便对各品牌、各车行的车有一个更全面的了解，那么汽车销售人员就要针对客户有疑虑的地方进行更全面、更详细的解说，以便消除客户的疑虑，增强客户的购买信心。

如果客户是想以此为借口索取优惠，那么汽车销售人员要根据利润空间决定是否降价：如果尚有让价的空间，在一番讨价还价后可以适当作出让步；如果已经没有让价的空间，则要尝试从汽车的卖点和价值方面来说服客户。

如果客户真的是预算不足，那么汽车销售人员要根据客户的实际情况采取相应的解决办法，比如建议客户采取按揭贷款的方式购车，或者为客户推荐其他价位低一些的车型。需要注意的是，在向客户推荐其他低价位的车型时，汽车销售人员要充分考虑到客户的面子和心理感受，注意自己的说话方式，不要让客户觉得难堪。

范例 1

客户：“我的预算只有这么多，这款车的价格超出了我的预算，我还是过段时间再说吧。”

汽车销售人员：“刘先生，您刚才试车的时候对这款车挺满意的，是不是还有其他什么疑问？您可以直接告诉我，没关系的。”

（探询客户预算不足背后的真实原因）

客户：“哦，我有个朋友也是卖车的，他说这种车型也就十几万元，你们却卖 20 多万元，我觉得有点太高了，所以想再多看看。”

汽车销售人员：“刘先生，这款车虽然和您朋友说的车型一样，但是在材质和性能上肯定是不一样的，这款车的车身材质非常考究，高强度钢占了 70% 左右，而一般普遍车最多只占 50% 左右。由于高强度钢加工性差，加工成本会比普通钢高 20% 左右。这也是这款车价位高的原因所在。”

（用汽车的独特优势和卖点消除客户的异议，增强客户的购买信心）

客户：“嗯，那你再跟你们领导申请一下，看能不能优惠一点。”

汽车销售人员：“这样啊，如果您今天就定下来的话，那我就跟领导申请一下，不过我不敢保证一定能申请下来，也不能保证还能优惠多少。”

（以申请优惠不易，促使客户成交）

范例 2

客户：“我的预算只有这么多，这款车的价格超出了我的预算，我还是过段时间再说吧。”

汽车销售人员：“刘先生，这款车您刚才也试驾过了，无论是从外观、配置方面，还是从动力性、操控稳定性方面，都非常符合您的要求。您是不是还有其他什么疑问？您不妨直接说出来，没关系的。”

（探询客户预算不足背后的真实原因）

客户：“我确实是预算不够，负担不起这么贵的车。”

汽车销售人员：“那您目前能承受多高的价格呢？”

客户：“10 万元以内吧。”

汽车销售人员：“这样啊，那实在是不好意思，这款车真的卖不到那么低的价格。要不这样吧，我们还有一款外观和这款车差不多的车，就是空间小了点，配置低了点，您买不买没关系，可以先看一看。”

（针对客户的预算情况推荐相应的车型）

客户：“好的。”

（客户看过后觉得不满意）

客户：“这款车比刚才那款差多了，我还是再等等吧，等我预算充足了再来买吧。”

汽车销售人员：“刘先生，其实您也不必非要等到预算充足时再买。既然您这么喜欢这款车，完全可以选择按揭贷款的方式啊，这样您既能开上心仪的爱车，又不会给您造成太大的资金压力。”

（建议客户采取按揭贷款的方式购车）

客户说“我想再去其他车行看看，比较比较再说”

情景描述

客户试驾结束后，对车很满意，汽车销售人员请求客户签单购买，客户摇摇头说：“我想再去其他车行看看，比较一下再做决定。”

错误应对

1.“好吧，您再去别的车行看看，没有合适的再回来。”

（这是一种消极应对方式，没有向成交的方向做任何努力就放弃了，一旦客户在其他车行找到更中意的车，就不会再回来了）

2.“每家车行都差不多，您还要比较什么呢？”

（这种说法含有埋怨、责怪客户的味道，容易引起客户的不满和反感）

3.“不要再比较了，您如果诚心买，价格上可以给您再优惠一些。”

（这种说法能起到挽留客户的作用，但客户会趁此机会讨价还价，使汽车销售人员陷入被动）

情景解析

客户在选购汽车的过程中，“货比三家”是很正常的现象。当客户提出

“到其他车行比较比较再做决定”时，汽车销售人员一定要判断客户说这句话的真实意图：有的客户比较谨慎，可能确实是想去其他车行再比较比较；而有的客户提出这种要求，可能只是购买前讨价还价的借口。

不论是上述哪种情况，汽车销售人员都不能放任客户去比较，否则很容易导致客户一去不复返，错失成交的良机。正确的做法是：先对客户的想法表示理解，然后引导客户说出想要再比较比较的原因，以区分客户所说的是事实还是借口，然后再针对客户说出的原因进行相应的化解。

对于确实想到其他车行比较的客户，汽车销售人员可以通过强调汽车的卖点、价值和紧俏性，以及促销机会难得、车行信誉好、售后服务佳等，促使客户做出购买决定。如果客户执意要到其他车行比较，汽车销售人员也不要强留客户，要给客户比较的空间和自由。汽车销售人员不妨留下客户的联系方式，以便对客户进行销售跟踪。

对于以此为借口讨价还价的客户，汽车销售人员首先要用汽车的质量、做工、配置、性能、服务等卖点说服客户，如果客户执意要求降价，也可在利润允许和领导同意的情况下，给予客户适当的优惠。

范例 1

汽车销售人员：“王先生，如果您觉得没什么问题的话，咱们今天就把购车合同签了吧？”

客户：“不急，我想再去其他车行看看，比较一下再做决定。”

汽车销售人员：“王先生，您是不是在其他车行也有看中的？”

（探询客户要比较的原因）

客户：“没有，我只是想多看看，多比较比较。”

汽车销售人员：“嗯，我很理解您的想法。其实我觉得这款车挺适合您的，不仅外观时尚、做工精致，而且刚才试驾时，您开着也非常顺手，动力性、燃油经济性、制动性、操控稳定性等方面都很不错。”

（先对客户的想法表示理解，然后通过强调汽车的优点，增强客户的购

买信心）

客户：“嗯，就是不知道价格方面能不能再优惠点？”

汽车销售人员：“王先生，这个价格已经够优惠了。您看旁边这款车，是前两年的旧车型，价格都和它持平，如果不是因为搞活动，这款车这个价钱根本拿不下来。”

（通过对比的方式，让客户明白目前的价格已经很优惠了）

客户：“就再优惠点呗。”

汽车销售人员：“要不这样，我现在给店长打个电话，看看能不能给您个特殊优惠？”

（为客户申请优惠，让客户体会到优惠的来之不易）

范例2

汽车销售人员：“王先生，咱们今天就把购车合同签了吧？”

客户：“不急，我想再去别的车行看看，比较比较再做决定。”

汽车销售人员：“王先生，您是不是在其他车行也有中意的？”

（探询客户要比较的原因）

客户：“是这样的，我不想太草率地做决定，想再多比较比较。”

汽车销售人员：“嗯，您说的很对，买车是一笔不小的开支，的确应该谨慎一点。不过根据您刚才在试驾过程中所说的需求，我觉得这款车确实挺适合您的，而且这款车是今年的新款，最近卖得非常快，我有好几个客户都已经预订了。如果您再去比较，回来恐怕暂时提不到现车了！”

（先对客户的想法表示理解，然后通过强调汽车的卖点、价值和紧俏性，增强客户的购买信心）

客户：“没关系，再等等也没关系。”

汽车销售人员：“好的，王先生，那您先去其他车行看看，没有合适的再回来。这是我的名片，有什么问题您可以随时给我打电话。对了，您的电话是……”

（给客户比较的空间和自由，同时留下客户的联系方式，以便对客户进行销售跟踪）

情景66

客户说“汽车是消耗品，而且油费太贵，现在买车不划算”

情景描述

汽车销售人员请求客户成交，客户摇摇头说：“汽车是消耗品，而且油费太贵，现在买车不划算，还是过一段时间再说吧。”

错误应对

1.“虽然不太划算，但是买车有很多好处啊，早买早受益。”

（这种说法简单、机械，对客户缺乏有效的说服力）

2.“现在就买吧，过一段时间没准车价和油费又涨了。”

（这种以价格上涨为由催促客户的方法技术含量太低，很多客户都不会买账，他们会觉得你是在故意危言耸听）

3.“如果买车真不划算的话，每天为什么还有那么多人买车呢？”

（这种说法含有对客户的质问，容易引起客户的不满和反感）

4.“那就等过一段时间再说吧。”

（这种说法完全顺从客户的意思，没有向成交的方向做任何努力和引导）

情景解析

很多客户面对汽车销售人员的签单请求，往往会提出“油费贵，现在买车不划算”的异议。客户之所以会提出这样的异议，最主要的原因是买车需要支付一笔巨大的资金，客户心有不舍，所以借异议来拖延付款的时间。

因此，当客户提出这种异议时，汽车销售人员千万不能放任客户离开，否则很容易错失成交的良机。正确的做法是：先对客户的想法表示理解，然后引导客户说出异议的原因，然后再针对客户所说的原因进行相应的说服工作。

在说服客户时，汽车销售人员要多向客户强调汽车的卖点、价值和功能，列举买车的利益和好处。如果客户是个比较感性的人，汽车销售人员也可以借助情景描述法，向客户描绘一幅拥有汽车后的美好情景，促使客户做出购买决定。

当然，如果客户执意要过一段时间再说，汽车销售人员也不要勉强客户，而应该给客户空间和自由，以免欲速则不达。

话术示范

范例 1

客户："汽车是消耗品，而且油费太贵了，现在买车不划算，还是过一段时间再说吧。"

汽车销售人员："何先生，您的想法我非常理解，如果单从经济上算账，买车永远是不划算的。但是话又说回来，买车是为了啥？不就是为了方便出行，提升生活质量吗？"

（先对客户的想法表示理解，然后用反问的形式，向客户列举买车的利益和好处）

客户："嗯。"

汽车销售人员："有车以后，您的生活质量可是会提升一大截呢！比如周末可以带着家人去自驾游，晚上可以开车去兜风。这些可以为咱们的生活增添很多乐趣呢。所以呀，您就别犹豫了，早买早享受啊！"

（借助情景描述法，向客户列举买车的利益和好处，促使客户做出购买决定）

范例 2

客户：“汽车是消耗品，而且油费太贵了，现在买车不划算，还是过一段时间再说吧。”

汽车销售人员：“何先生，您的想法我非常理解，什么时候买车是您的自由。不过，我想请教一下，既然早晚都要买，您为什么非要等过一段时间再说呢？”

（先对客户的想法表示理解，然后引导客户说出异议的原因）

客户：“因为我最近有一笔比较大的投资，所以……”

汽车销售人员：“您真是一位理性的成功男人！不过我建议您还是先买下这辆车。”

（赞美客户，然后用建议引发客户的好奇心）

客户：“为什么？”

汽车销售人员：“何先生，汽车不仅能方便我们的出行，而且是衡量身份、地位和生活品质的一把标尺。像您这样的成功人士，如果没有一辆车的话，不但会影响您的出行，还会大大降低您的生活品质，而且对您投资做生意也可能产生一些负面影响，这不是更不划算吗？所以啊，您就别犹豫了，今天就把爱车开回家吧！”

（向客户强调汽车的价值和功能，同时列举买车的利益和好处）

客户：“嗯，你说的有道理，不过我还是想过段时间再说！”

汽车销售人员：“行，那就听您的，过段时间再说。”

（给客户空间和自由，以免欲速则不达）

情景67

客户说“我想等你们打折时再买”

情景描述

客户试驾结束后，汽车销售人员请求客户签单，客户拒绝说：“我今天只是先看看，试试车，等你们什么时候打折我再来买。”

错误应对

1.“我们轻易不会有打折活动的。就算有，也不知道要等到猴年马月呢！”

（这种说法会大大降低客户的购买热情，尤其是客户比较注重折扣时，这种说法很容易导致客户的流失）

2.“我们现在也有打折啊，只是刚才我没有告诉您。”

（这种说法有敷衍、欺哄客户之嫌，会让客户觉得你是个不靠谱的人，从而降低销售的成功率）

3.“我们现在也有打折，只是折扣力度比较小。”

（这种说法容易勾起客户的砍价欲望，使双方陷入价格拉锯战中）

4.“好的，那您留个联系方式，等打折时我打电话通知您。”

（这种做法容易导致客户的流失，因为客户离开后会有很多变数，再回来的概率非常小）

情景解析

当客户提出“等打折时再购买”的要求时，并不意味着客户拒绝了汽车销售人员的成交请求，也不代表客户不着急买车，而是客户认为，重大节日、店庆时会有更多的折扣，自己可以获得更多的利益和优惠，所以在打折时购买比较划算。

当客户提出此类要求时，汽车销售人员切不可任由客户离开，而应该设法引导客户成交。因为客户离开后，受家人、朋友、竞争品牌等诸多因素的影响，很可能会改变主意，放弃购买，或转向其他车行。当然，汽车销售人员也不能在客户面前表现出急于成交的心态，比如急着给客户优惠等，因为这会降低客户的信任度，同时激起客户压价的欲望。

那么，汽车销售人员该怎么做，才能既引导客户成交，又不致显得急功近利呢？

汽车销售人员首先应该对客户的想法表示理解，以拉近与客户的距离。比如：“您的想法我非常理解，如果换作是我，肯定也希望在打折时购买，毕竟打折时购买能省下不少钱嘛！”

接着，汽车销售人员要向客户强调汽车的优点和卖点，同时探询客户的需求，并把汽车的卖点与客户的需求结合起来，让客户对汽车建立起足够的好感，因为万一无法说服客户立刻购买，起码也要保证汽车能给客户留下深刻印象。

同时，汽车销售人员要将“等待打折”的不利之处告诉客户，降低客户对打折活动的期望，比如装作无意地说：“其实打折活动主要是针对旧款车型或滞销车型的，可能很难买到称心如意的车。”然后，要将客户的注意力引向汽车本身的卖点和现在的折扣活动上，通过存货少、限时限量促销、物价上涨可能导致汽车价格上调等，刺激客户做出购买决定。

范例 1

客户：“我今天只是先看看，试试车，等你们什么时候打折我再来买。”

汽车销售人员：“王先生，您的想法我非常理解，如果换作是我，肯定也希望在打折时购买，毕竟打折时购买能省下不少钱嘛！”

（先对客户的想法表示理解，以拉近与客户的距离）

客户："对啊。"

汽车销售人员："王先生，其实这款车现在也有折扣，只不过没有重大节日或店庆时力度大。您可能对我们这行不太了解，大部分大幅度的打折活动都是针对旧款车型或滞销车型的，到时候您可能买不到称心如意的车。如果真是那样的话，多可惜呀，您说呢？"

（将"等待打折"的不利之处告诉客户，降低客户对打折活动的期望）

客户："哦。"

汽车销售人员："您现在买虽然多花点钱，但是您买一辆称心如意的车开着舒心啊，这年头还有什么比舒心更重要呢。而且，您应该也知道，现在钢材、石油等造车原材料价格一直在上涨，人力和物流成本也在大幅度增加，生产商已经开始酝酿提价了，知道内部消息的人很多都早就下手购买了。如果再拖延，恐怕到您再想买时就不是现在这个价了，您就别再犹豫了！"

（告诉客户现在购买的利益和好处，同时用车价可能上涨制造紧迫感，促使客户做出购买决定）

范例 2

客户："我今天只是先看看，试试车，等你们什么时候打折我再来买。"

汽车销售人员："王先生，您的想法我非常理解，现在挣钱这么难，物价又这么高，买辆车动不动就十几万元、几十万元，换了谁不想少花钱买好车呢！"

（对客户的想法表示理解，以拉近与客户的距离）

客户："对啊。"

汽车销售人员："不过，如果您真心喜欢这款车的话，我建议您还是现在购买，因为这款车是我们目前主推的黄金车型，现在正在以 8 折超低价限量促销，促销的数量仅限 20 辆，目前只剩下最后 5 辆了，售完即止！以我的经验来看，店庆促销也未必有这么低的折扣。这两天每天都有客户打电话咨询这款车，估计过不了明天，剩下的这 5 辆就被订购完了。机会难得，我建议您就别犹豫了！"

（用汽车本身的卖点和限量促销制造紧迫感，刺激客户做出购买决定）

客户决定签约，需要注意哪些细节

情景描述

试驾结束后，汽车销售人员又经过一番努力，客户终于同意签订购车合同。

错误应对

1."太好了，您选择这款车真是明智的决定！"

（这种说法和语气对成交表现得过于喜悦、激动，可能引发客户的怀疑："他怎么这么兴奋，难道这款车有什么问题、卖得很差，终于在我这儿开张了？"）

2."购车合同您已经看了好几遍了，这是标准的购车合同，所有客户买车都是签这份合同，您就放心吧。"

（这种说法含有不耐烦和催促客户的味道，容易引起客户的反感和警惕心理）

3."我做汽车销售时间还不长，很多事情还比较陌生，如果合同有什么不明白的地方，我可以找领导问问。"

（这种说法是汽车销售人员缺乏职业素养的表现，会让客户对汽车销售人员以及车行产生不信任感，大大降低客户的购买信心）

情景解析

相信很多人在买价值不菲的东西时都有这样的体会，挑选的时候内心不会有多么激烈的斗争，那什么时候心理斗争最激烈呢？就是选好东西准备付款的那一刻，内心会突然纠结起来——真的要买它吗？买了会不会不合适？会不会有问题？会不会后悔？买车也是如此，准备签订购车合同的那一刻，是客户心理斗争最激烈的时刻。当销售进行到这一步时，汽车销售人员一定要注意自己的言行举止，让客户对自己的选择安心、放心、舒心，顺利推动客户签订购车合同。

为此，汽车销售人员应该做好以下几点：

首先，因为大部分客户都是首次接触购车合同，难免会有一些合同条款看不懂，这时候，汽车销售人员要耐心、细致、深入浅出地为客户作出解释。这就要求汽车销售人员事先做好功课，做到对合同文本了如指掌。另外，在客户认真研究、推敲合同条款时，汽车销售人员千万不要表现出不耐烦的情绪，更不要对客户进行频繁催促，要知道，对客户来说，购车合同是他们权益的唯一保证和凭证，这种急于求成的表现很容易引起客户的警惕和反感。

向客户解释完毕后，汽车销售人员要询问客户是否还有其他疑问或补充。如果客户对合同条款存有异议或者提出修改意见，汽车销售人员应该先对客户进行解释说明和说服工作，不要轻易对合同条款进行修改；如果客户态度坚决，非要进行修改，汽车销售人员应该将问题反馈给车行领导，并与车行领导协商解决方案。

当客户对合同条款都了解清楚并且没有异议之后，接下来汽车销售人员就要引导客户进行签约了。在客户签约过程中，汽车销售人员可以跟客户聊一些轻松有趣的话题，或者对客户进行一些适当的赞美，以便缓解客户签约的压力感和纠结、犹豫的心理，例如："年假马上就要来临，您打算驾驶爱车带着家人去哪里度假啊？""您的字写得真漂亮，我可是自愧不如啊！"

购车合同签完后，汽车销售人员要按捺住欣喜和激动，不能表现出得意忘形或诚惶诚恐的态度，而应该尽量保持自然、平静的态度，并向客户表示真诚的祝贺和感谢，以增强客户对汽车的信心，加深客户对汽车销售人员的信任，提升客户的满意度。

话术示范

范例

汽车销售人员：“黄先生，这是购车合同，咱们一起来看一下。在看的过程中，如果您有什么不明白的地方，就告诉我。”

（和客户一起看购车合同）

客户：“这两条是什么意思？我没看太明白。”

汽车销售人员：“哦，这两条的意思是……不知道我这样解释您是否能听明白？”

（对客户不明白的地方，进行耐心、细致、深入浅出的解释）

客户：“嗯，明白了。”

汽车销售人员：“黄先生，您看您还有其他什么问题吗？”

（询问客户是否还有其他疑问或补充）

客户：“我想在合同上加上一条——如果两个月内你们交不了车，我可以要求退款。”

（客户对合同条款提出修改意见）

汽车销售人员：“黄先生，您为什么要加上这条？”

客户：“因为我有一个朋友买车签合同时，说好是一个月内交车，结果签完合同好几个月过去了，我朋友还没有提到车，所以我想加这么一条。”

汽车销售人员：“黄先生，您有这样的担心我非常理解。我们以前跟很多客户签合同时都是约定一个月内交车，除了前两年因为天灾导致延期交车外，从没有出现过延时交车的情况。”

（对客户进行解释和说服工作，尽量不修改合同条款）

客户：“嗯，我相信你们可以按时交车。不过，加上这一条也没什么关系吧。”

汽车销售人员：“加上倒是没多大关系，不过购车合同要做修改的话，我需要请示一下经理，麻烦您稍等一下……黄先生，我们经理同意了，我这就把您刚才说的那条加上……黄先生，加好了，您看一下。”

（将问题反馈给车行领导，并与车行领导协商解决方案）

客户：“嗯。”

汽车销售人员：“如果您觉得合同没有其他问题的话，就请您在这里签个字。”

（引导客户签约）

客户：“好的。”

汽车销售人员：“黄先生，您的字写得真漂亮，我可是自愧不如啊！对了，年假马上就要来临了，您打算驾驶爱车带着家人去哪里度假啊？”

（赞美客户，并和客户聊一些轻松的话题，以缓解客户签约的压力感和纠结、犹豫的心理）

客户：“还没想好呢，等提完车再说吧。”

汽车销售人员：“嗯，我也希望您能尽快提到车，这样出行就便捷多了。黄先生，恭喜您成功订购我们的 ×× 款 SUV，相信这款车一定会让您满意的！同时也谢谢您对我工作的支持和信任！”

（向客户表示真诚的祝贺和感谢）

第八章

超值服务赢得客户口碑

——售后服务情景训练

在竞争日趋白热化的汽车销售行业，客户签约购车并不意味着汽车销售人员销售工作的结束，交易的后续事宜，即售后服务更需要汽车销售人员认真、谨慎地对待，因为这不仅关系着客户满意度和忠诚度的提升，更关系着汽车销售人员能否通过老客户的口碑宣传为自己赢得更多的新客户。因此，汽车销售人员一定要高度重视售后服务。

客户问“你们的售后服务怎么样”

情景描述

客户准备签购车合同，但是仍然有点不放心地问道：“你们的售后服务怎么样啊？汽车出现问题你们负责吗？”

错误应对

1. “您放心，我们的售后服务绝对包您满意！”

（这种说法有一种信口开河的味道，会给客户一种不可靠、不可信的感觉）

2. “在售后服务上我们跟其他车行是一样的！”

（这种回答模糊不清，会给客户一种模棱两可的感觉，容易让客户对车行的售后服务产生怀疑）

3. “我们是老品牌了，在质量上绝对有保证，所以您完全不必担心售后服务问题。”

（这种说法过于绝对，而且空洞，缺乏说服力，很难让客户信服）

4. “我们的车出现质量问题的概率很低，您不用担心售后问题！”

（这种回答意思很模糊，不但难以消除客户的疑虑和担忧，而且会在一定程度上增加客户的疑虑和担忧）

情景解析

售后服务是客户和车行都非常重视的问题，因为它既是保护客户权益的最后一道防线，也是车行赢得客户信任、提高客户满意度和忠诚度的最重要环节。当客户询问售后服务方面的问题时，通常是他们准备成交的重要信号，汽车销售人员一定要注意把握这个成交的大好时机。

当客户进行类似的询问时，为了打消客户的疑虑和担心，同时提高客户的信任度和满意度，汽车销售人员首先要对客户表示理解和认同，然后向客户清楚地说明车行在售后服务方面的具体保障措施或详细的解决方案，以便让客户放心。

为了增加说服力，汽车销售人员还可以向客户讲述一些老客户的售后服务案例。待回答完有关售后服务的问题并获得客户积极的反馈后，汽车销售人员要主动向客户提出成交请求。

范例 1

客户："你们的售后服务怎么样啊？如果汽车出现问题你们负责吗？"

汽车销售人员："先生，您问这个问题我非常理解，售后服务问题确实非常重要。您放心，我们的车是全国知名品牌，拥有完善的售后服务管理体系。另外，还有很重要的一点，就是目前在咱们国内，汽车售后服务的期限一般是 2 年或 6 万公里，而您准备签约的这款车，提供的是 4 年或 12 万公里的保修政策，这就意味着，您在汽车使用过程中能节省 2 倍的维修保养成本。这么好的售后服务政策，难道您还不放心吗？"

（先对客户表示理解和认同，然后向客户说明车行在售后服务方面的具体保障措施）

客户："嗯，那我就放心了。"

汽车销售人员："那咱们今天就把合同签了吧。"

（主动向客户提出成交请求）

范例 2

客户："你们的售后服务怎么样啊？如果汽车出现问题你们负责吗？"

汽车销售人员："先生，我很理解您对售后服务问题的担忧，毕竟买车是一笔巨大的开支，不过请您放心，我们拥有一套非常规范、完善的售后服务体制，很多客户在买了我们的汽车后，对我们的售后服务都非常满意。所以您完全不必担心。"

（先对客户表示理解和认同，然后向客户说明车行在售后服务方面的具体保障措施）

客户："你说的这些我觉得还是有点虚，我就问你，如果汽车在使用过程中出现质量问题，比如开了一段时间后开始漏油，你们怎么处理？"

汽车销售人员："先生，您看中的这款车油路的密封性非常好，出现漏油的概率非常低。就算真的出现漏油的情况，您也无须担心，因为我们车行承诺，从您购买本车之日起一年内免费保修，而且提供 24 小时内免费上门服务。上个月有一位姓赵的客户在我们这里买了一款车，上周他打电话给我们，说他的车子出了点小故障，要求我们去修理。他是上午 9 点半给我们打的电话，结果我们的售后服务人员当天下午 3 点钟就到了他家，免费为他解决了问题。为此他对我们的售后服务非常认可。"

（向客户说明售后服务问题的解决方案，同时用老客户的案例消除客户的疑虑和担心）

客户："嗯。"

汽车销售人员："如果没什么问题，那咱们今天就把合同签了吧。"

（主动向客户提出成交请求）

情景70

客户提车后的回访与跟踪

情景描述

客户买完车后，汽车销售人员不知该如何对客户进行回访与跟踪。

错误应对

1. 担心客户退车，索性不跟客户联系。

（这种做法属于一锤子买卖，很难赢得客户的好感和信任，自然也就无法赢得客户的转介绍）

2. 隔三岔五就跟客户联系。

（这种做法有骚扰客户、没事献殷勤的嫌疑，容易引起客户的反感）

情景解析

很多汽车销售人员认为：车卖出去后就万事大吉了，没必要再跟客户联系，于是就把客户放在一边不管了。这其实是一种“短视”行为，没看到客户身上的潜在价值——适时、适当地跟客户保持联系，维护好与客户的关系，既能为汽车销售人员赢得良好的信誉，还能提升客户的信任度和忠诚度，赢得客户的转介绍，获得更多的新客户资源。

而且，客户买车后，新车会有几个月的磨合期，也是各种问题的高发期，所以，这段时间汽车销售人员一定要做好回访与跟踪工作，比如新车上牌照情况、首保提醒、新车使用情况、客户的满意度等，都是汽车销售人员要回访和跟踪的范畴。

那么，汽车销售人员该如何对客户进行回访和跟踪呢？

第一，在客户提车后一星期，应该对客户表示一下谢意与祝福，并询问客户的用车感受，有什么问题和意见；询问新车上牌照的情况；如果客户有什么问题或意见，要及时进行处理。

第二，客户提车后每两三个月对客户进行一次跟踪回访，询问客户汽车的使用情况，提醒客户用车的注意事项和保养事宜。

第三，遇到节假日、客户生日、购车纪念日等特殊日期时，给客户送上问候和祝福，如果条件允许，也可以代表车行送客户一份礼物。

第四，车行有新车上市、试乘试驾体验、免费保养等活动时，应及时传递给客户，并邀请客户参与相关活动。

第五，获得客户的帮助时，应及时向客户表达诚挚的谢意。

范例 1（客户提车后一星期）

汽车销售人员："丁先生，您好！我是 ×× 车行的小刘。"

客户："小刘啊，找我有什么事啊？"

汽车销售人员："丁先生，您的爱车用了有一个星期了，不知道您用着怎么样？有什么问题吗？"

（询问客户的用车感受）

客户："感觉还不错，就是感觉油耗比使用手册上标的要高一些，不知道是怎么回事。"

汽车销售人员："丁先生，您的爱车现在正处于磨合期，车上的各种零部件都需要磨合，油耗相对高一些属于正常现象，等使用一段时间后，您再观察一下看看，应该就没问题了。"

（处理客户的问题）

客户："哦，明白了。"

汽车销售人员："丁先生，您的爱车办牌照了吗？需要我们协助吗？"

（询问客户上牌照的情况）

客户：“哦，不用，我已经委托一个朋友帮忙办了。”

汽车销售人员：“好的，丁先生，如果您在爱车使用过程中有什么问题，可以随时跟我联系。”

范例 2（定期跟踪回访）

汽车销售人员：“丁先生，您好，我是 ×× 车行的小刘。”

客户：“小刘啊，你好。”

汽车销售人员：“丁先生，您最近怎么样啊？身体好吗？”

（对客户进行问候）

客户：“挺好的，谢谢。”

汽车销售人员：“丁先生，您的爱车已经使用两个月了，我想问一下跑了多少公里了呀？”

（询问客户汽车的使用情况）

客户：“也就 2000 多公里吧。怎么了？”

汽车销售人员：“丁先生，您的爱车该做首保了。不知道您什么时候有空，我帮您预约一下。”

（通知客户做首保）

客户：“下周一吧，下午我过去。”

汽车销售人员：“好的，丁先生，那咱们下周一见。”

范例 3（节假日送祝福）

汽车销售人员：“丁先生，您好，我是 ×× 车行的小刘。”

客户：“你好啊，小刘。”

汽车销售人员：“丁先生，明天就是中秋节了，提前祝您节日快乐、身体健康、阖家幸福。另外，我们车行为了感恩老客户，特地给每一位老客户订了月饼，待会儿快递就会送到您家，您注意签收一下哈！”

（给客户送上节日祝福和礼物）

客户：“哎呀，小刘，你们真是费心啦，谢谢，谢谢！”

汽车销售人员：“丁先生，您太客气啦。对了，最近天气转凉了，您一定要多注意身体，尤其是您的老寒腿，一定要注意防寒保暖啊！”

（对客户表示关心）

客户："嗯，谢谢！"

汽车销售人员："丁先生，我们车行下周有个汽车免费保养活动，如果您有时间，可以过来为您的爱车做做保养哈。"

（向客户传递车行的活动信息）

客户："好啊。"

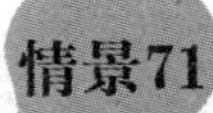

情景71 由于交车延期，客户要求退车

情景描述

客户三个月前订了一款车，按照约定应该交车了，但是由于客户订的那款车供不应求，约定日期已经过去半个月，客户依然没能提到车。客户为此非常气愤，到车行要求退车："咱们约好了半个月前交车，现在都过去半个月了，连个车轮子都没见着。我不要了，给我退了吧。"

错误应对

1. "您不要着急，我会向领导反映这件事的。"

（这是一种敷衍的套话，很难消除客户的不满情绪）

2. "对不起，我们也没办法，这款车现在供不应求，只能麻烦您再等等了。"

（这种说法有推卸责任、敷衍客户的味道，可能引起客户更大的不满）

3. "您再等两天就可以提车了。"

（这属于一张空头支票，如果对新的交车日期没确切把握的话，就不要轻易向客户许诺，一次次地令客户失望，客户会有被忽悠、被骗的感觉，从而更加不满和气愤）

4. “好吧，我跟领导请示一下，如果没问题，就给您退了。”

（这是一种消极应对方式，没对客户的退车请求做任何解释和劝阻工作，其结果就是导致整个销售工作功亏一篑）

情景解析

在汽车销售中，由于厂家产能有限和购车的消费者日益增多等因素，很多车型经常出现排队预订依然无法按时交车的情况。无论是什么原因造成的延期交车，作为客户，肯定会心生焦虑、不满，甚至提出退车要求。

当客户因交车延期提出退车要求时，汽车销售人员首先要明确一点：客户愿意花钱预定一款没现车的车，说明客户对这款车是非常喜爱和满意的。在这种情况下，只要汽车销售人员再次调动起客户对这款车的好感，并给客户一个准确的新交车日期，客户通常都会收回退车的要求。

具体来说，汽车销售人员应该做好以下几方面的工作：

第一，客户没在承诺的时间内提到车，其内心的焦急和不满是可想而知的。所以当客户提出退车要求时，汽车销售人员首先要做好客户的情绪安抚工作，给予客户理解、尊重和重视，让他们的负面情绪得到释放，同时向客户明确一点，没有按照承诺的时间交车，不管是什么原因造成的，都要勇于承认错误和承担责任。需要注意的是，如果客户是在展厅提出退车要求，汽车销售人员要先把客户引到其他比较安静的场所做客户安抚工作，以免对其他购车客户产生负面影响。

第二，待客户的情绪平缓下来后，汽车销售人员要将未能按时交车的原因仔细、如实地跟客户解释清楚，以打消客户的焦虑和担心，赢得客户的理解和谅解。

第三，解释清楚原因后，汽车销售人员要向客户提供具体可行的解决方案，争取赢得客户的满意，比如：“先生，我们正在跟公司总部取得联系，我们会在半小时内给您一个满意的答复！”“先生，我们向您承诺，三天内彻底解决您的问题，您看怎么样？”

第四，提出解决方案后，汽车销售人员还要征询一下客户，对处理方案是否满意，是否还有其他意见或要求，这样既能体现自己的诚意和对客户的尊重，又能赢得客户的支持，提升客户的满意度。

最后，汽车销售人员要确保解决方案得到有效执行，并对处理结果进行跟踪，直至客户的问题得到彻底解决。

范例 1

客户：“小刘，你们是怎么回事，咱们约好了半个月前交车，现在都过去半个月了，连个车轮子都没见着。我不要了，给我退了吧。”

汽车销售人员：“尹先生，您别着急，先坐下来喝杯水。”

（安抚客户的情绪）

客户：“买的时候你们承诺得那么好，结果却是这样。你们的服务这么差，还让客户以后怎么相信你们！”

汽车销售人员：“尹先生，真的很抱歉，我正想给您打电话说这件事呢，这件事是这样的……这都怪我当时介绍时没给您说清楚，确实是我的失误，没能及时让您提到车，给您造成了很大的不便，请您多多谅解！”

（先向客户道歉，然后向客户解释未能按时交车的原因，并主动承认错误和承担责任）

客户：“我以前的旧车已经报废了，我现在上班一直在打车，每天来回200多块呢。你们的车迟迟不到，我的打车费你们给报销吗？”

汽车销售人员：“嗯……尹先生，您看这样行吗，我再跟总公司那边打电话催一下，争取在一周内让您提到车。为了补偿您的损失，我跟公司再给您申请一套价值2000元的赠品，您觉得怎么样？”

（向客户提供解决问题的方案）

客户：“嗯，这还差不多。”

范例 2

客户："小刘，你们是怎么搞的，咱们约好了半个月前交车，现在都过去半个月了，连个车轮子都没见着。我不要了，给我退了吧。"

汽车销售人员："尹先生，您别生气，咱们先到休息室喝杯茶。"

（安抚客户焦躁的情绪，并引导客户离开展厅，以免对其他购车客户产生负面影响）

客户："你今天必须给我个说法不可！"

汽车销售人员："来，尹先生，您喝茶。您的心情我非常理解，如果是我遇到这种情况，肯定比您还生气。所以，您提出退车的要求，一点也不过分。不过，话又说回来，您觉得这款车怎么样？"

（先对客户表示理解和认同，然后转移话题，再次调动起客户对车的好感）

客户："这款车很好啊，不然我也不会提前三个月预订了。"

汽车销售人员："尹先生，这件事其实都赖我，如果当时我跟您说得再清楚一点就好了，情况是这样的……所以耽搁了送货时间，还请您多多谅解。不过，既然您这么喜欢这款车，我觉得退车还是很可惜的，我刚查了一下，根据我们的预定记录，下一批车这周五就能到，您只需再等两天就可以提到车了。"

（主动承担责任，同时向客户解释交车延期的原因，然后用准确的新交车日期，打消客户的焦虑和担心）

客户："哦，原来是这样，你也不早告诉我一声。"

汽车销售人员："实在是非常抱歉，我也是半小时前才接到总公司的电话。"

客户："嗯，问清楚我就放心了，要不然我的心老是悬着。"

汽车销售人员："尹先生，您现在可以放心了，这周五您就能开上新车了。您看您还有什么其他方面的要求吗？"

（征询客户是否还有其他意见或要求）

客户："没有了。"

情景72 客户说自己的车买贵了，要求返还差价

情景描述

客户购车后，又找上门来，说自己的车买贵了，×× 车行便宜 5000 多元，要求返还差价。

错误应对

1.“您这是无理取闹，您凭什么说 ×× 车行便宜 5000 多元？”

（这种说法含有质问客户的语气，容易招致客户更大的不满）

2.“据我所知，×× 车行这款车和我们价格持平，他们的销售人员没准在忽悠您呢，您可别当真啊！”

（这种说法缺乏事实根据，而且有诋毁竞争对手的嫌疑，对客户没有任何说服力）

3.“不就 5000 多元嘛，值得您大老远地跑来要吗？”

（这种说法有站着说话不腰疼的嫌疑，钱是客户辛苦赚来的，车买贵了，他自然有权利讨回差价）

情景解析

很多客户虽然已经把车买回了家，但是在购车后很长一段时间内，对同款车的价格依然会很关注，生怕自己买贵了。一旦他们发现其他车行有更低的报价，他们就会觉得自己上当受骗了，进而到车行找汽车销售人员理论和索要差价。

当客户来索要差价时，汽车销售人员不要一味地辩解，更不要在差价问题上跟客户纠缠不清，这样只会引发客户更大的不满。正确的做法是：先安抚客户的激动和不满情绪，然后耐心、清楚地向客户阐明两家车行在产品和服务上的差异点，并重点向客户强调自己家的优势，让客户觉得虽然价格贵了一些，但贵得物有所值、物超所值。

在成功解决了客户的问题后，客户心里肯定会对汽车销售人员充满愧疚和抱歉，这时汽车销售人员要及时为客户解围，表示自己充分理解对方的心情。经过这一步，客户的满意度和忠诚度将会大大提升。

范例

客户："小刘，我的车买贵了，×× 车行比你们便宜 5000 多元呢，你们得赔我差价！"

汽车销售人员："丁先生，别着急，您先喝口水，然后慢慢说。"

（安抚客户的激动和不满情绪）

客户："我上周在你们这里买的那款 SUV，当时成交价是 13.5 万元，可是昨天我跟一个老同学喝茶聊天时，他告诉我 ×× 车行这款车才卖 13 万元，比你们整整便宜 5000 元！你怎么解释？"

汽车销售人员："哦，原来是这样啊。丁先生，那我真该跟您说声'谢谢'。"

（故意给客户制造悬念）

客户："谢谢？什么意思？"

汽车销售人员："谢谢您的坦诚和直爽。一般的客户遇到这种情况，大多会自认倒霉，认为购车合同已经签了，再怎么回头算账也没有用，但心里却恨透了。而您却回来找我求证，这说明您对我们还是有几分信任的。所以我要谢谢您。"

（用感谢缓解客户的不满情绪）

客户："你说这些没用，我只想知道，你们是不是故意报了高价！"

汽车销售人员："丁先生，您说的 ×× 车行我知道，他们的确有很多款车比我们便宜，但是您知道吗，您可能只注意了车本身的价格，却忽略了售后服务方面的问题，我们的售后服务……"

（向客户阐明两家车行在产品和服务上的差异点，并重点向客户强调自己家的优势，让客户觉得物有所值、物超所值）

客户："哦，原来是这样啊，这个问题我还真没注意。"

汽车销售人员："丁先生，您的心情我非常理解，买车毕竟是一笔大额开支，谁也不希望自己被坑被骗，所以您回来找我们是对的。有误会不要紧，把误会解开就好了，您说是吧？"

（表示自己充分理解客户的心情，给客户找台阶下）

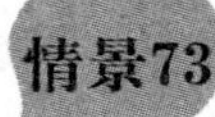

客户投诉汽车质量太差，买了不久就出问题

情景描述

客户对汽车质量很不满意，到车行投诉："你们的汽车质量也太差了吧，我买了还不到半个月，就出现了 ×× 问题！"

错误应对

1. "怎么会呢？这款车已经卖出去上千辆了，从没出过这种问题。"

（这种说法的言外之意是怀疑客户在信口开河，容易引发客户更大的不满）

2.“应该是您操作不当造成的，这个不是我们的责任。”

（这种说法把问题的责任推给了客户，容易引发客户更大的不满）

3.“这么便宜的车，出点问题很正常啊！”

（这种说法的言外之意是出不起高价就买不到好车，会严重伤害客户的面子和自尊心）

4.“人还会生个病闹个灾呢，汽车出点小毛病、小故障也很正常啊！”

（这种说法有“无理辩三分”的味道，容易引发双方的争辩，对解决问题非常不利）

情景解析

汽车属于持久性消费品，所以一旦出现质量问题，客户肯定会进行投诉。当客户就汽车质量问题提出投诉时，汽车销售人员一定要认真对待、耐心处理。

首先，汽车销售人员要向客户表达同理心，对客户的感受表示理解和同情，让客户得到尊重，以缓解客户的不满情绪，赢得客户的好感，同时向客户表示歉意。

接着，汽车销售人员要向客户询问汽车质量问题的具体情况，并记录在案，如果是能够当场解决的，就告诉客户具体的解决方案，比如免费维修等；如果不能马上解决，可以向客户承诺，自己会将问题及时反馈给相关部门，让他们尽快对问题进行解决。

最后，汽车销售人员还可以在政策允许的范围内，给客户赠送一些小礼品或免费服务，以提高客户的满意度，争取客户的继续支持。

范例 1

客户：“你们的汽车质量也太差了吧，我的车买了还不到 3 个月，昨天在路上行驶时，前右外胎就突然爆胎了。你们这是什么破车啊，轮胎质量这么次！”

汽车销售人员："李先生，您的爱车出现这种问题我们感到非常难过，对于由此给您带来的麻烦，我们表示诚挚的歉意。请您稍等，我把您的问题记录一下……您请继续说。"

（对客户的感受表示理解和同情，同时向客户表示歉意，并把客户的问题记录在案）

客户："爆胎以后，我打电话给你们客服，你们的客服人员竟然说轮胎爆胎是外力破坏造成的，不属于轮胎的质量问题，不负责赔偿。你说说，我的车买了还不到三个月，平时只是在市区行驶，路况平稳，哪来的外力破坏？不是质量问题是什么？你们也太不负责任了吧，简直把消费者当傻子！"

汽车销售人员："李先生，十分抱歉给您带来了这么大的困扰，我代表车行再次向您表示歉意。对于您所反映的问题，我会及时反馈给相关的经销服务站，让他们派人对您的汽车轮胎进行检测，如果确属质量问题，我们肯定会免费为您更换新轮胎的，您放心好了。同时，为了表示歉意，我们特意送您一份小礼品，谢谢您的理解和支持。"

（为客户提出解决方案，同时用赠送小礼品争取客户的继续支持）

范例2

客户："你们的汽车质量也太差了吧，我的车刚买了半年，就各种毛病不断！"

汽车销售人员："李先生，对不起，您的爱车出现问题我们感到非常难过，对于由此给您带来的不便和困扰，我们深表歉意。李先生，您能说一下，您的爱车都有哪些问题吗？我记录一下。"

（对客户的感受表示理解和同情，同时向客户表示歉意，然后向客户询问汽车质量问题的具体情况，并记录在案）

客户："车灯密封不严、前门中控锁不能上锁、发动机总出现异响……唉，各种小毛病不断啊，烦死人了！"

汽车销售人员："李先生，让您这么远过来，真是很对不起。对于您反映的问题，我随后会打电话给公司总部，让他们派维修人员给您的爱车做一个详细的检测，如果确实是车子的质量问题，我们肯定会给您免费修理的。同时，为了表示歉意，我们特意送您一份免费保养服务，谢谢您的理解和支持。”

（为客户提出解决方案，同时用赠送免费保养服务争取客户的继续支持）

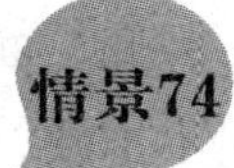

客户因汽车存在质量问题要求退换

情景描述

一位老客户因汽车质量问题，到车行要求退换：“你们的汽车质量也太差了吧，我买了还不到一年……赶紧给我退了吧 / 换一辆吧。”

错误应对

1.“怎么会呢？这款车我们已经卖了上万辆了，从没出过您说的这种问题。”

（这种说法的言外之意是客户在说谎，这是对客户人格的侮辱，会引起客户更大的不满）

2.“肯定是您操作不当造成的。”

（这种说法把问题的责任推给了客户，容易引发客户更大的不满）

3.“您这种情况我们无法退换，只能提供维修服务。”

（这种说法直接拒绝了客户的要求，会让客户有一种挫败感，不利于客户问题的解决）

情景解析

客户买完车后出现质量问题，如果尚在保修期内，销售商一般只能提供免费维修、免费更换零部件等服务，不会免费给客户退换。因为在我国，汽车销售一般实行代理制，销售商如果同意客户的退换车要求，这部分损失只能由销售商自己承担，厂家一般是不负责的，对销售商而言，无疑是损失惨重的。

但是，汽车属于持久性消费品，出现质量问题客户肯定会比较介意，提出退换车的要求也是可以理解的。因此，面对客户退换车的要求，汽车销售人员一定要认真对待、耐心处理，不推诿，不退缩，积极地面对问题，分析问题，然后找出可行的解决方案，力争在客户满意的基础上，将车行的损失降到最小，即尽量以最小成本、最小损失来解决客户的问题。

首先，汽车销售人员要对客户表示理解和同情，并向客户表示歉意，安抚客户的情绪。接下来，汽车销售人员要耐心、详细向客户解释不能退换的原因，必要时，汽车销售人员可以在政策允许的范围内，给客户提供一些“额外补偿”，以弥补质量问题带给客户的损失，例如赠送保养服务、实用小礼物等，以最大程度地降低客户的不满情绪，继续争取客户的支持。在征得客户同意后，汽车销售人员要及时为客户提供有效的解决方案。

范例 1

客户：“你们的汽车质量也太差了吧，我的车买了还不到半年，车门就关不严了，里程表也经常出故障，各种毛病不断啊！我要退车！”

汽车销售人员：“李先生，出现这样的事情我们感到非常难过，对于由此给您带来的麻烦和不便，我们表示诚挚的歉意。不过，您所说的这些问题都不影响车子的正常行驶，像这种小毛病，我们一般都是给客户免费维修的。”

（对客户表示理解和同情，并向客户表示歉意，以缓解客户的不满）

客户：“我不想在这辆车上浪费时间了，你们还是给我退了，或者换一辆吧！”

汽车销售人员：“李先生，您这样就让我们为难了，因为汽车厂家对车子没有‘三包’服务，如果您非要退换，那所有的损失只能由我们自己承担，这么大的损失我们哪里担得起？再说，国家规定，车子只有符合‘保修期内，因性能问题修理两次，仍不能正常使用’的条件才能退换，您的车子出现的这些问题，还远远达不到退换的标准。不过，考虑到车子确实给您带来了很多麻烦和不便，我们可以再送您3次免费保养，再帮您做一下整车装潢，您觉得这样处理可以吗？”

（耐心、详细向客户解释不能退换的原因，同时向客户提供“额外补偿”，以弥补质量问题带给客户的损失）

范例2

客户：“你们的汽车质量也太差了吧，才买了不到半年，天窗就出问题了，一遇到下雨就往车里渗雨。明明是一辆新车，却出现这种低级的质量问题，我把车开来了，就停在你们门口，我要退车！”

汽车销售人员：“李先生，您的感受我非常理解，您的爱车出现这样的问题，我们也觉得很抱歉，您放心，我们肯定会对您的问题负责的。您先到贵宾区喝杯茶，我让技术人员为您的爱车做一个全面检查吧。”

（向客户表达同理心，同时向客户表示歉意，以缓解客户的不满）

客户：“不用检查了，这车我不想要了，给我退了得了！”

汽车销售人员：“李先生，说实在的，车子能不能退，不是您和我说了算的。按照国家规定，车子只有符合‘因性能问题修理两次，仍然不能正常使用’的条件才能退。如果您一定要退，您必须跟厂家共同委托一家有检测资格的鉴定机构对您的车子进行检测，只有鉴定结果表明车子确实存在质量问题，厂家才会同意给您退换；不仅麻烦，检测的费用也是一笔不小的支出，况且我觉得，您的爱车只是天窗密封性不严，没有其他性能上的大问题，根本没必要浪费时间和金钱去检测，您觉得呢？”

（耐心、详细向客户解释不能退换的原因）

客户：“这样啊……”

汽车销售人员：“不过，考虑到车子确实给您带来了诸多不便，我可以尽力为您争取一些补偿。您看这样好不好，我们除了免费为您更换一个新的天窗外，再送您一份非常实用的礼品，您觉得可以吗？”

（向客户提供“额外补偿”，以弥补质量问题带给客户的损失）

情景75 客户投诉客服人员售后服务态度太差

情景描述

客户因为客服人员服务态度差，打电话到车行投诉："你们的客服人员服务态度太差了，我要投诉！"

错误应对

1. "不可能吧，我们对客服人员的要求很严格，绝不会出现这种事情。"

（这种说法有偏袒同事的嫌疑，同时也是对客户诚信的否定，不仅会增强客户的不满情绪，而且会损害车行的信誉和形象）

2. "有什么问题您打我们公司的服务电话反映，我解决不了。"

（这种说法是在推卸责任，很可能使客户更加不满，导致事态进一步恶化）

3. "我们的客服人员每天要接待成百上千的客户，工作非常辛苦，有时候服务差点在所难免，还请您体谅一下。"

（这种说法明显是在偏袒自己的同事，没从客户的角度考虑问题，容易引起客户更大的不满）

情景解析

客服人员服务态度差是造成客户投诉的重要原因之一，比如客服人员说话不当、对客户怠慢等，都有可能引发客户的不满和投诉。

虽然客户投诉的对象是售后部门的客服人员，但影响的却是整个车行的形象和声誉，因此，客户投诉一旦发生，汽车销售人员应有大局意识，要及时、认真、正确地处理，尽力消除客户心中的坏印象，帮助客户解决实际问题，否则很容易让客户的不满和投诉升级。

处理类似的客户投诉，须将重点放在客户不满情绪的释放上，因为客户由于客服人员服务态度差，心情一定非常糟。汽车销售人员首先应该认真、诚恳、耐心地倾听客户的陈述，并向客户承认错误、表示歉意，以缓解客户的不满情绪。然后向客户询问事情的来龙去脉。

待客户说完后，如果客户投诉的问题在自己的职权和责任范围内，汽车销售人员应该迅速为客户提供解决方案，以示自己为其解决问题的诚意。如果确实是客服人员的过失，应当及时向相关部门和同事反馈，让他们作出相应的处理，以期得到客户的谅解，并且事后一定要督促客服人员改进服务。

如果客户投诉的问题超出了自己的职权和责任范围，则应该诚恳地向客户表示，其投诉的问题一定能得到认真、妥善的处理，然后迅速向上级反映并跟进，直至问题妥善解决。

最后，汽车销售人员要对客户的投诉表示真诚的感谢，并及时对客户进行回访，了解客户的满意程度。

范例 1

客户："你们的客服人员服务态度太差了，像你们这种服务态度，生意还能做长吗？"

汽车销售人员："王先生，发生这种情况我们感到非常抱歉，请问您能把事情的详细经过告诉我吗？"

（向客户表示歉意，以缓解客户的不满情绪，然后询问客户事情的原委）

客户："我的车刚买了一个星期，结果就发现刹车有异响，我打电话给你们的售后服务部，他们说要咨询一下相关的技术人员再回复我。可是我整整等了 2 天，也没人给我回复，真是岂有此理！"

汽车销售人员："王先生，您刚才反映的情况我已经记录下来了，等会儿我就向我们领导汇报这个事情，让他对相关人员进行批评和处罚。请您留下电话，我们会在3天之内跟您联系，向您汇报处理的结果。"

（向客户表示会对其投诉的问题进行妥善处理，以示对客户的重视和尊重）

客户："嗯，这还差不多。"

汽车销售人员："很感谢您对我们的投诉与批评，今后我们一定加强对售后服务人员的管理和教育，不让类似的事情再发生。"

（对客户的投诉表示真诚的感谢）

范例2

客户："你们的客服人员服务态度太差了！"

汽车销售人员："李先生，真的很抱歉，请问是什么事情惹您生气了？"

（向客户表示歉意，以缓解客户的不满情绪，然后询问客户事情的原委）

客户："我的车买了还不到两个月，开车时老能听到打方向异响，打电话到你们的售后服务部门，他们居然敷衍我说没事儿，异响是正常现象，不用处理。可是我让内行的朋友看了一下，他说这不太正常。你说，你们这不是糊弄人嘛？就你们这种服务态度，还叫人怎么相信你们！"

汽车销售人员："李先生，发生这种情况，我们感到非常抱歉。您放心，我会马上通知相关部门尽快调查清楚，然后对相关人员作出相应的处理。至于您的车子，您看这样好不好，您方便时把车开过来，我让店里的老师傅给您的车子做一个全面的检查，一定找出问题的根源，让您可以放心地开车。您看可以吗？"

（向客户表示会妥善处理其投诉的问题，并为客户提供解决方案）

客户："嗯，这还差不多。"

汽车销售人员："李先生，非常感谢您对我们的批评和监督，我们一定会加强管理，避免再出现类似的问题！"

（对客户的投诉表示真诚的感谢）

情景76

客户抱怨维修时间太长

情景描述

客户购车后出了点问题，由于维修时间有点长，客户失去了耐性，向汽车销售人员抱怨道：“你们的效率怎么这么慢啊？维修时间也太长了吧。”

错误应对

1.“先生，汽车维修必须按照正常的程序进行，很多地方都不是我们能控制的。”

（这是一种推卸责任的说法，对消除客户的抱怨情绪起不到多大作用）

2.“先生，实在对不起，我们已经尽力加快速度了！”

（这是一种敷衍客户的说法，很难消除客户的不满和抱怨）

3.“您着什么急啊？有的客户等的时间更长，也没像您一样抱怨！”

（这种说法只能激化客户的不满情绪，对问题的解决毫无益处）

情景解析

客户的车出现问题来维修，本来心情可能就不太好，如果因为配件供应不足、维修人员人手不够，或同时维修的客户比较多，造成维修时间过长，影响了客户正常的工作和生活，客户必然心生不满和抱怨。

面对客户的不满和抱怨，汽车销售人员首先要对客户的心情表示理解、认同，并向客户表示诚恳的歉意，以缓解客户的不满情绪。待客户的情绪逐渐平稳后，汽车销售人员再向客户解释造成维修时间过长的原因，以及会采取哪些措施来解决这个问题。最后要向客户承诺，一定会针对其抱怨的问题进行相关的改进，并对客户表示真诚的感谢。

此外还要强调一点，无论客户的态度多么激烈，汽车销售人员都要保持冷静、良好的处理态度，避免跟客户发生冲突。

范例 1

客户："你们的效率怎么这么慢啊？维修时间也太长了吧！"

汽车销售人员："黄先生，您别着急，来，先喝口水。"

（给客户递水，缓解客户的不满情绪）

客户："谢谢。"

汽车销售人员："黄先生，您的心情我非常理解，换作是我肯定比您还激动，不过，您可能不太清楚，这种故障的维修必须在指定的 4S 店进行，尤其是现在正处于假期，维修的车比较集中，所以耗时比平时要长一些，还请您多多谅解。"

（先对客户表示理解、认同，然后向客户解释说明，并诚恳地向客户表示歉意）

客户："哦，原来是这样啊。"

汽车销售人员："嗯，而且我们在休息厅配备了各种书刊杂志，并提供免费上网服务。另外，为了提高维修的效率，不至于让客户等太长时间，我们准备增加一些维修人员，希望这些措施能对您有一些帮助。"

（向客户说明，会采取哪些措施来解决客户的问题）

客户："嗯，这样还行。"

汽车销售人员："黄先生，非常感谢您给我们提出这么宝贵的意见，今后，我们一定对相关的问题进行改进。"

（真诚地感谢客户，并向客户承诺，会对相关问题进行改进）

范例 2

客户："你们的效率怎么这么慢啊？维修时间也太长了吧！"

汽车销售人员："黄先生，您先别着急，来，喝杯水，有什么事慢慢说。"

（给客户递水，缓解客户的不满情绪）

客户："嗯……我的车需要换个倒车影像，从下单到现在已经快一个月了，我打了不下十次电话，每次都说快到了，可是到现在依然没到，再这么拖下去，我的车就过保修期了！"

汽车销售人员："黄先生，您的心情我非常理解，换作是我肯定比您还急。请您放心，我已经把您的问题记录在案了，稍后我们一定对您的问题进行加急处理，最迟不超过一周，我们一定让您看到货。由此给您造成的不便，我们深表歉意，还请您多多包涵！"

（先对客户表示理解、认同，然后向客户说明，会采取哪些措施来解决客户的问题，并向客户表示诚恳的歉意）

客户："嗯，这还差不多。"

汽车销售人员："黄先生，非常感谢您给我们提出这么宝贵的意见，今后，我们一定对相关的问题进行改进。"

（真诚地感谢客户，并向客户承诺，会对相关问题进行改进）

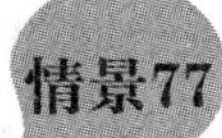

客户嫌维修收费太高，不合理

情景描述

客户的车出了故障去维修，由于维修收费太高，客户很不满意："维修费怎么这么高？太不合理了！"

错误应对

1.“不好意思，维修的价格是由厂家规定的，我们也没办法！”

（这种说法是在拿厂家做挡箭牌，有敷衍客户的嫌疑，很难消除客户的不满）

2.“我们的收费是经过物价部门批准的，非常合理！”

（这种说法语气过于生硬、霸道，对客户缺乏礼貌和尊重，容易引起客户更大的不满）

3.“我们所用的零件都是原厂配件，价格高是很正常的！”

（这种说法虽然对收费高做出了解释，但是没有对客户的不满情绪做任何安抚工作，很难让客户接受）

情景解析

汽车作为一种交通工具，每天在状况复杂的道路上行驶，天长日久，必然会出现一些毛病和故障。而且，汽车本来就有一些容易损耗的零件需要定期更换，因此，客户每年在养车、修车上，都要支出一笔不菲的费用。

由于客户缺乏专业的鉴别能力，面对市场上形形色色的汽车维修点，和五花八门的汽车配件，他们很难鉴别配件的优劣以及维修点是否正规，这就导致大部分客户在选择维修点和配件时，常常以价格高低作为衡量标准。在这种情况下，如果车行或4S店报出较高的维修价格，客户就会觉得收费高，不合理。

面对客户类似的不满和抱怨，汽车销售人员不要跟客户争辩，而应该先对客户表示理解和认可，然后耐心向客户解释专业维修与非专业维修的区别，以及原厂配件与非原厂配件的区别，并把重点放在正规维修和原厂配件的优势和好处上。为了增强说服力，让客户更容易理解和接受，汽车销售人员可以援引一些有说服力的案例或数据，向客户说明非正规维修以及非原厂配件给汽车和驾驶安全造成的危害或隐患。如此一来，客户即使觉得价格有点贵，也会认同并选择正规的维修服务。

话术示范

范例 1

客户："你们的配件怎么这么贵？一个灯泡 300 多元，我以前在别的地方换，才 100 多元！"

汽车销售人员："李先生，您有这种想法我非常理解，您说得没错，同样的配件的确在价格上存在很大差异，这主要是因为质量不同造成的，我们的配件都是原厂配件，质量可靠，经久耐用，使用年限长，所以价格比较高；而非原厂配件，价格虽然低，但是质量如何，我们就不敢说了。这就好比 LV 手袋，冒牌货几十元就能买一个，而正品最低也要上千元，这就是正品和非正品的区别！"

（先对客户的话表示理解和认可，然后耐心向客户解释原厂配件与非原厂配件的区别，并把重点放在原厂配件的优势上）

客户："哦，这个我还真不知道。"

汽车销售人员："李先生，我有个客户就有过类似的教训，他的车要更换空气滤清器，但是他嫌我们的太贵，所以在一个非正规维修店换的，结果换完发现，车的油耗越来越大，到我们这里一检查，他更换的空气滤清器根本不是正厂件，质量比较差，上面的毛经常被吸进发动机，在无形中增加了油耗。您说，为了省这么点钱，买个质量差的非正厂配件，不但影响车子的正常行驶，而且因为油耗增加，反而多花了很多冤枉钱，多不划算啊！因此，修车换件，宁可多花点钱，也要到正规的店维修，您说呢？"

（援引有说服力的案例，向客户说明非正规维修以及非原厂配件给汽车造成的危害）

范例 2

客户："同样的配件，别的地方才几百块，你们却 2000 多元，太坑人了吧！什么黄金配件啊，要那么贵！"

汽车销售人员："李先生，您的想法我非常理解，您说得没错，同样的配件的确在价格上存在很大差异，这主要是因为质量不同造成的。我们所用的配件都是原厂配件，也就是汽车厂家装配在车上的专门指定厂家生产的零部件，在质量上是绝对有保证的，价格也是全国统一的，您可以在官网上查询到每一种配件的价格。而您说的几百块的配件大都是非原厂配件，虽然外表看上去没啥大的区别，但是质量上的区别却很大，有的假冒伪劣配件，还可能给车埋下安全隐患，比如伪劣点火线圈会造成起动机瘫痪。而正规维修点的原厂配件，都有质量担保，有1年或2万公里的保修期。虽然价格贵了点，但是可以延长整车的使用寿命，保证您的行车安全。”

（先对客户的话表示理解和认可，然后耐心向客户解释原厂配件与非原厂配件的区别，并重点强调正规维修和原厂配件的优势和好处）

客户：“哦，这个我还真不知道。”

汽车销售人员：“事实上，汽车配件的质量是人命关天的大事，有数据表明，车辆出现故障，70%的原因是汽车配件的质量和装配技术问题引起的，而其中使用假冒伪劣配件的情况占到多半，像制动系统、转向系统等关键部件一旦出现质量问题，就可能造成车毁人亡的恶性事故！所以，我们千万不能贪图便宜，让假冒伪劣配件给我们带来不可估量的损失，您说对吧？”

（援引有说服力的数据，向客户说明非正规维修以及非原厂配件给汽车和驾驶安全造成的危害或隐患）

汽车过了保修期，客户却要求免费维修

情景描述

客户购买的汽车已经超过了保修期限，但是客户却要求免费维修。

错误应对

1. “您的车已经超过保修期了，没办法免费维修了。”

（这种直接拒绝客户的说法，会让客户有一种挫败感，给客户留下冷漠、没人情味的印象）

2. “公司规定，汽车超过保修期后，维修是要收费的。”

（这种拿公司规定当挡箭牌的说法，不利于客户问题的解决）

3. “有问题为什么不早点来修？现在过了保修期，没办法免费维修了。”

（这种说法隐含着对客户的责怪，对客户缺乏尊重，可能导致问题进一步扩大化）

情景解析

一般来说，客户在购买汽车后，可以享受两年左右的免费保修，在这两年内，只要汽车出现的问题、故障符合保修标准，车行或4S店就可以为客户提供免费维修服务。保修期限结束后，客户的汽车再出现问题，车行或4S店就要收取相应的维修费用了。但是，有个别车行或4S店为了增加盈利，在为客户进行维修时，会有一些不够透明的行为，从而引发客户的投诉。

当客户超过保修期限前来要求免费维修时，汽车销售人员一定要把眼光放得长远一些，抱着投资明天、经营未来的眼光，想客户所想，急客户所急，这样才能赢得客户的信任和忠诚，从而使车行持续、稳健地经营下去。

面对客户的免费维修请求，汽车销售人员要耐心、真诚地与客户沟通，引导客户说出问题的具体情况，并记录在案。待客户说完后，汽车销售人员要向客户做出承诺，自己会及时把问题反映给上级部门，并第一时间向客户反馈解决方案。

需要注意的是，即使汽车销售人员不能完全满足客户的免费维修请求，也要站在客户的立场和角度，真心诚意地帮助客户解决问题，切忌用事不关己或推卸责任的态度和方式来处理问题，也不要拿公司规定当挡箭牌来敷衍、应付客户，这些做法不但不利于客情关系的维护，而且有损车行的信誉和形象。

范例 1

客户："我的车方向盘出了故障，你们得给我免费维修。"

汽车销售人员："王先生，您的爱车出现这种问题，我们感觉很抱歉。麻烦您把问题的具体情况说一说，我们也好针对您的问题采取解决方案。"

（向客户致歉，然后引导客户说出问题的具体情况）

客户："车买来以后，我对车子非常爱惜，一直没出什么毛病。但是一个月以前，我发现方向盘在转动时会发出一些噪声，我打电话给你们的客服人员询问，当时你们也派维修人员给我的车子做了检查，检查完他们说没什么大碍，不用修理。可是最近几天，我发现噪音越来越大了，我又打电话给你们的客服，维修人员再次检查后，告诉我需要更换转向总成，不过由于已经超过保修期了，需要收取费用。这种重大故障，维修人员一个月前第一次来检查时不可能不知道，非要等到拖延过了保修期，才告诉我需要花钱换零件，真是太坑人了！今天，你们必须免费给我把转向总成修理好，修不好就给我换个新的，维修费我肯定一分钱不出，你们看着办。"

汽车销售人员："王先生，你别生气，我会尽快把您的情况反映给上级部门，一周之内，我们肯定给您一个满意的解决方案，好吗？"

（向客户承诺会及时把问题反映给上级部门，并第一时间向客户反馈解决方案）

范例 2

客户："我的车出了点问题，你们得负责给我免费维修。"

汽车销售人员："王先生，您的爱车出现问题，我们感到非常抱歉。麻烦您把问题的详细情况说一下，好方便我们妥善处理您说的问题。"

（向客户致歉，然后引导客户说出问题的具体情况）

客户："我的车买回去不到一年，发动机就开始出现异响，我打电话给你们的售后人员，他们说派维修人员给我免费检查维修，可是一直没有维修人员跟我联系，我几次打电话催促，客服都说维修人员在忙着，让我再等两天。结果等来等去，我的车现在过了保修期了，你们的维修人员还是没见踪影，你说，这个问题怎么解决吧？”

汽车销售人员：“王先生，出现这样的问题，我们感到非常抱歉，我会把您的问题及时反映给上级领导，争取在一周之内给您一个满意的处理方案，好吗？”

（向客户承诺会及时把问题反映给上级部门，并第一时间向客户反馈解决方案）

情景79

想请老客户帮忙转介绍新客户

情景描述

客户买车后，汽车销售人员经过一段时期的跟踪和服务，想请求客户给自己转介绍几位新客户。

错误应对

1. “您有朋友想买车吗？给我介绍几个吧。”

（这种说法功利性太强，会让客户有一种被利用的感觉，从而遭到客户的敷衍和拒绝）

2. “公司给我们下了任务，每个月必须收集两个新客户名单，您能不能帮我介绍几位新客户？”

（公司给的任务和客户没有任何关系，因此这种请求方式客户不见得

买账）

3.“上次和您一起来看车的那位先生不是也在考虑买车吗，您能把他的联系方式告诉我吗？”

（这种说法有打听个人隐私的嫌疑，容易遭到客户的拒绝）

情景解析

每位老客户身边都有一些同样有购车打算或需求的潜在客户，只要汽车销售人员精心维护好与老客户的关系，很容易通过老客户的转介绍获得新客户资源。而且，老客户转介绍的新客户具有稳定、积极、成交率高的优势，因此，汽车销售人员一定要重视并尽力做好老客户的转介绍工作。

汽车销售人员要想赢得老客户的转介绍，首要条件是向他们提供优质完善的服务，如定期给他们打电话、帮助他们解决燃眉之急等，以增强与老客户的感情，赢得老客户的信任度和忠诚度。只有在高度信任的基础上，老客户才有可能将身边的亲戚朋友推荐给汽车销售人员。

另外，汽车销售人员还要注意，大部分老客户都比较反感汽车销售人员一见面就直截了当地要求转介绍。为此，汽车销售人员一定要循序渐进地提出转介绍的请求。

做好铺垫工作

汽车销售人员跟老客户见面后，可以先跟对方聊聊在之前的接洽中发生的一些事，或聊一些老客户感兴趣的话题，拉近与老客户的距离感，为接下来的转介绍请求做好铺垫。等到距离感消除以后，汽车销售人员就要向老客户提出转介绍请求了。可以直接询问老客户身边是否有打算购车的朋友，如果老客户在先前的接洽中提到过某个人物，也可以进一步挖掘该人的购车需求情况。

向老客户做出承诺和保证

汽车销售人员向老客户提出转介绍请求时，很多老客户都会有这样的顾虑：如果汽车销售人员不能处理好与转介绍客户的关系，就有可能危及他们之间的关系。汽车销售人员要牢牢把握老客户这一心理，向老客户做出承诺和保证：自己绝不会贸然打扰其朋友，而只是向他们提供专业的汽车介绍和服务，这样才能取得老客户的信任，从而获得转介绍的机会。

向老客户剖析转介绍的利益

为了提高老客户转介绍的决心，汽车销售人员还要向老客户剖析一下转介绍能带来哪些利益和实惠，例如，转介绍的客户在购车时有特别优惠等，这样老客户自然乐意介绍亲友去买车。

对老客户表示感谢

在转介绍请求获得老客户的允诺后，汽车销售人员要对老客户表示真诚的感谢，或者给老客户送一些小礼品聊表谢意。

范例 1

汽车销售人员："蒋先生，您好，咱们认识将近一年了，您对我的服务还满意吗？有什么不满意的地方就告诉我，我一定好好改进，争取为您提供更好的服务。"

（询问客户对服务的满意度）

客户："哎呀，我对你的服务很满意啊！"

汽车销售人员："蒋先生，谢谢您的信任和支持。我从事汽车销售已经 5 年多了，到目前为止，已经积累了几百位客户，我每个月都要到这些老客户家里坐一坐，为他们答疑解惑。有时候，这些老客户也会给我介绍他们的朋友，在他们的引荐下，很多新朋友也在我这里买了车。我之所以有这么多客户，老客户的帮忙和推荐起到了至关重要的作用。"

（对客户表示感谢，同时向客户介绍其他老客户转介绍的案例，为提出转介绍请求做铺垫）

客户："嗯，这都有赖你平时的服务工作做得到位啊！"

汽车销售人员："能让更多的人享受到优质的汽车产品和服务是我最大

的心愿。对了，蒋先生，我们最近有一次很大的优惠活动，有好几款车型8.8折优惠，如果您有朋友想买车，一定要介绍给我啊，只要是您的朋友，我一定给最优惠的价格，并且竭尽全力为他们提供最好的服务。”

（向客户提出转介绍请求，并向客户剖析转介绍的利益和实惠）

客户：“8.8折，那确实很优惠啊。我确实有两个朋友最近想买车，不过……我还是先问一下他们的意见，好吗？”

汽车销售人员：“蒋先生，我明白您的意思，您放心，我绝对不会贸然打扰您朋友的。我只是想向您朋友提供专业的汽车介绍和服务，至于买与不买，我会完全尊重他们的意愿和决定。”

（向客户做出承诺和保证：自己绝不会贸然打扰其朋友）

客户：“行，我这两天给他们念叨念叨这事儿，如果他们觉得没问题，我就带他们直接去车行找你看车。”

汽车销售人员：“太感谢您了，蒋先生。”

（对客户表示真诚的感谢）

范例2

汽车销售人员：“蒋先生，最近好吗？”

（问候客户）

客户：“我挺好的，你好长时间没来了啊！”

汽车销售人员：“蒋先生，最近有点小忙。对了，上次和您一起来看车的赵先生，他不是也想买一款SUV吗？我们前几天刚上市了一款新型SUV，可以试驾，不知道赵先生有没有兴趣？”

（跟客户聊在之前的接洽中发生的一些事，为接下来的转介绍请求做铺垫）

客户：“这……老赵是想买SUV，但是他对新型车有没有兴趣我就说不好了。要不，我先问一下他的意见，好吧？”

汽车销售人员：“蒋先生，我明白您的意思，您放心，我绝对不会贸然打扰赵先生的。我只是想向他提供专业的汽车介绍和服务，至于买与不买，我会完全尊重他的意愿和决定。蒋先生，您看，方便留一下赵先生的联系方式给我吗？”

（向客户做出承诺和保证：自己绝不会贸然打扰其朋友）

客户：“我这两天先给他念叨念叨这事儿吧，如果他觉得没问题，我再把他的联系方式给你，到时候你再找他去谈。”

汽车销售人员：“太感谢您了，蒋先生。”

（对客户表示真诚的感谢）

参考文献

[1] 赵文德 . 汽车销售冠军是这样炼成的 [M]. 北京：机械工业出版社，2014.

[2] 孙路弘 . 汽车销售的第一本书 [M]. 北京：中国人民大学出版社，2007.

[3] 刘汉涛 . 陪你卖车每一天：汽车销售顾问 1080 问 [M]. 北京：电子工业出版社，2016.

[4] 陈姣 . 汽车销售人员超级口才训练 [M]. 北京：人民邮电出版社，2010.

[5] 李晓琳 . 汽车销售顾问 [M]. 北京：机械工业出版社，2017.

[6] 刘军 . 汽车 4S 店销售顾问培训手册 [M]. 北京：化学工业出版社，2013.

[7] 李志远 . 汽车销售从新手到高手 [M]. 北京：中国铁道出版社，2017.

[8] 赵成 . 我的第一本漫画销售书：汽车销售场景 112 例 [M]. 北京：人民邮电出版社，2012.

[9] 肖晓春 . 妙语连珠：汽车销售实战情景训练 [M]. 北京：机械工业出版社，2012.

[10] 元博 . 服装这样卖才对：服装销售人员超级情景训练 [M]. 北京：中国纺织出版社，2015.

[11] 元博 . 家具这样卖才对：家具销售人员超级情景训练 [M]. 北京：中国纺织出版社，2016.

[12] 安致丞 . 八步成就售楼王：售楼员超级情景训练 [M]. 北京：中国纺织出版社，2015.